French Mamma's
Pregnant in France

by Carrieanne Le Bras, and
French translations by Lebras Translations

Copyright © 2012 by Carrieanne Le Bras.

All rights reserved. Except as permitted under the United States Copyright Act of 1976, no part of this publication may be reproduced or distributed in any form or by any means, or stored in a database retrieval system, without the prior written permission of the author.

Table of Contents

Introduction v
Book Instructions x
Pregnancy Declaration 1
Gynecologist or Midwife? 11
Medical Schedule 21
First Prenatal Appointment 31
Ultrasounds 41
Maternity Leave 53
Complementary Health Insurance 63
Birthing Locations 73
Birth Preparation Classes 85
Labor 95
Delivery 111
Hospital Stay 123
Thank You 139
Appendix 141
Symptoms 142
Illnesses 143
Anatomy 145
Additional Resources 146
Emergencies 147

Introduction

Raised on the sunny beaches of Florida, I dreamed of living a life of adventure and romance. I was on a permanent vacation and felt that life was waiting for me across the ocean. I studied French in high school and dreamed of exploring the French countryside. My parents could not fly me to France, so they arranged for me to stay with a friend in Quebec for a month to practice my French. She lived in a small city about two hours north of Montreal where no one spoke English. It was an incredible experience that further stoked my desire to travel to France one day.

After earning a degree in management and an MBA at the age of 20, I continued my business as a wedding and portrait photographer. I started working part-time for an author, which turned into a full-time career that changed my life. I became a jack-of-all-trades by fulfilling the duties of a website designer, marketer, product developer, human resources officer and manager. I gained valuable experience and will always be grateful for the trust and faith he had in me. I was his first employee and am proud of the company it was and still is today.

I was fortunate to travel on his world tours and meet fascinating people who have accomplished their dreams. I received generous employee benefits, such as four weeks paid vacation per year. One year I flew to France for four weeks and the following year for two weeks. During the two-week vacation, I was to spend three days in Normandy with a local because I was bored of hotels. I wanted to see France through the eyes of a native.

The French man I was to stay with was my age. We spoke each day for months before I arrived and clicked immediately when we met at the Charles de Gaulle airport in Paris. He brought laughter back into my serious world. I remained in

Normandy for my entire trip, except for a romantic weekend in Marseille. A few months after I left, he joined me in Florida.

Shortly after he moved in, the recession started with layoffs reaching a record high. I felt stuck at my job because I was working overtime and there was no room for me to move up. I had a large picture of Marseille hanging over my desk, reminding me of what I was losing by staying. My boss wanted me to advise him whom to lay off, but I could not give him a name. Everyone on the team wanted to be there, even I in my heart. But of all the people to leave, I was the best choice.

I only had one week of rest before starting my new job as the business statistics and data analysis course director at a private university. It was a fun challenge. I began taking courses online for a degree in finance because I realized that numbers were my strength. I loved analyzing reports and creating strategies based on my findings. After eight months of working as a professor, I felt I was in retirement. I was restless. I missed the stressful and fast-paced corporate world. I applied for a job in Montreal on a Thursday, did a phone interview the next day, and then Monday I was in their office. I was hired and asked to start in three weeks.

We drove to Montreal to begin a new life. The job became more exciting as they kept giving me more responsibilities. I was accountable for millions of dollars and a bad decision could mean no one coming back to work the next day. I loved the pressure. I was also rewarded with expensive dinners, frequent pay raises and generous bonuses. But something was missing.

My boyfriend and I worked long hours and did not have much time for each other. We kept the romance alive by starting the tradition of "Champagne Thursday." We were not allowed to work late on Thursdays and alternated who brought home the champagne. We periodically made time for hiking and camping trips, but it still seemed like we never spent enough time together. As we approached a year of living in Montreal, his visa was about to expire. Instead of finding a way for him to stay, I decided it was time I followed him to France. I never had enough time for him in Florida or Montreal because work was my first priority. I would not make the same mistake again.

It was scary to sell all my belongings and fly to the unknown. I had an online business idea but was not confident in it because of the recession. I have never been without a job. Now, here I was giving up everything I had to live off savings until I figured things out. I gave my employer two months notice and promised to train my replacement, so my boyfriend left before me.

I arrived at the Nice airport exhausted, nervous and a little scared. All of that washed away as soon as I saw my boyfriend and felt his embrace. We lived in Marseille for two months and in Bordeaux for a year. In Bordeaux, I realized that I had a passion for writing so I began writing articles for several websites. After we were married and with a baby on the way, the idea for my French Mamma blog developed into a reality.

I miss my family and some aspects of my old life in Florida, but I do not regret my decision to settle in France and raise our daughter here. I feel like I am finally home and living the life that I was meant to live. My priorities are now in order, and I get to spend all the time I want with my husband. We both work from home, having fun and playing around. I make a fraction of what I used to, but I have never been more free.

The idea for this book came during my pregnancy when I was at the doctor's office. The doctor and my husband were trying to explain to me what the word "col" is because I was dilating too early. I wished I had a book for pregnancy-related vocabulary words. I spent my days desperately searching for information on what to do when pregnant in France and what to expect when it is time to deliver.

After giving birth, I decided to write the book I wished I had when I was pregnant. It includes vocabulary that are not found in language books and facts that are difficult to find in English. This has been a fun project, and I am excited to have the opportunity to help others.

Having a baby in France is an incredible adventure. I wish you nothing but the best and hope this book helps you learn French and what to expect while waiting for your little croissant to finish baking.

Bon Courage!

Carrieanne Le Bras

Book Instructions

This book is challenging for absolute beginners. If you are a beginner, read the English text first. Learn the vocabulary words so that you can recognize them in a conversation or in documents. When you are finished, try reading the French text to see how much you understand and get a feel for the language. If the practice sentences are too difficult, then review the answers. After you read the answers, return to the questions and try again.

Advanced beginners or intermediate-level French speakers should first read the French translations to test their comprehension of the text. After reading the French, read the English text to confirm that you understood it. You may want to read the French again after reading it in English. Learn the vocabulary words and then try completing the practice sentences. If the practice sentences are too difficult, review the answers and then try again.

This book will not teach you the rules of grammar or how to conjugate verbs. You may see a vocabulary word ending with a "é," and later with an "ée," that is because before it was modifying a masculine word and now a feminine word. Vocabulary words are listed exactly as how they should be used in the practice sentences so you do not have to modify them.

It is impossible to translate English into French word-for-word. Therefore, you may get confused if you try to break a sentence down to translate each word. For example, when your milk comes in after giving birth, we say that your milk dropped. In French, you would say "lait est monté", or milk has risen.

This book is dedicated to my daughter, Juliana
Je t'aime

Pregnancy Declaration

Avant de vous précipiter dans la première boulangerie venue pour célébrer la bonne nouvelle avec des pâtisseries, prenez rendez-vous avec un médecin généraliste afin de vous assurer que vous êtes bien enceinte.

Dans l'excitation du moment, vous serez sans doute prête à donner à votre médecin vos antécédents médicaux et discuter avec lui des joies de la grossesse. Il va alors probablement vous couper dans votre élan et vous prescrire un test sanguin, même si vous avez apporté avec vous une dizaine de tests de grossesse positifs. Si vous êtes couverte par la sécurité sociale française, vous aurez besoin de ce test sanguin pour déclarer votre grossesse. Ne soyez pas surprise si ce rendez-vous ne dure que 15 minutes. Prenez l'ordonnance et rendez-vous au laboratoire d'analyse le plus proche.

Le laboratoire où je suis allée avec mon mari nous a acceptés sans rendez-vous. Puisque nous sommes arrivés quelques minutes avant la fermeture, on nous a proposé de nous envoyer les résultats par courrier ou de venir les chercher le lendemain midi. J'y suis retournée à midi pile le lendemain.

Lorsque vous avez les résultats, vous devez prendre votre premier rendez-vous prénatal avec votre médecin, gynécologue ou sage-femme. Durant ce rendez-vous ou lors de la prochaine visite, vous recevrez des formulaires de déclaration de grossesse regroupés un document composé de trois parties intitulé « Premier examen médical prénatal ». Envoyez le feuillet rose avec les feuilles de soins correspondantes aux examens médicaux et de laboratoire que vous venez de passer à votre Caisse d'Assurance Maladie, ainsi que les deux formulaires bleus identiques à votre Caisse d'Allocations Familiales (CAF).

Les formulaires doivent être envoyés avant votre 14ème semaine de grossesse. Envoyez ces formulaires le plus tôt possible, vous pourrez ainsi être remboursée rapidement et à 100% des frais médicaux liés à votre grossesse.

Before running to the nearest bakery to celebrate the good news with pastries, schedule an appointment with a general doctor to confirm you are pregnant.

In your excitement, you may be ready to provide the doctor with your medical history and discuss with him the joys of pregnancy. He will most likely cut you off and prescribe a blood test, even if you brought ten positive pregnancy tests with you. If you are covered by the French social security, you will need this blood test to declare your pregnancy. Do not be surprised if this appointment lasts only 15 minutes. Take the prescription and rush to the nearest laboratory.

The laboratory I went to with my husband accepted us without an appointment. Since we arrived several minutes before closing, they offered to mail us the results or we could pick them up at noon the next day. I returned precisely at noon the next day.

Once you have the results, you need to schedule your first prenatal appointment with your doctor, gynecologist or midwife. During this appointment or your next visit, you will receive pregnancy declaration forms as part of a three-part document titled "First Prenatal Checkup." Send the pink slip with medical and laboratory results to your Caisse d'Assurance Maladie, and the two identical blue forms to your Caisse d'Allocations Familiales (CAF).

Forms must be mailed before you are 14 weeks pregnant. Send the forms as soon as possible so you can quickly be reimbursed for 100% of your prenancy-related medical expenses.

Si vous avez des antécédents de fausses-couches ou d'autres problèmes de santé, vous devrez sans doute passer une échographie avant de recevoir ces formulaires. Vous devrez contacter votre mutuelle complémentaire afin de savoir quelles prestations elle peut vous verser.

Vocabulaire

antécédents médicaux	medical history
chercher	to pick up
déclaration de grossesse	pregnancy declaration
échographie	ultrasound
enceinte	pregnant
envoyés	sent
fausses couches	miscarriages
grossesse	pregnancy
gynécologue	gynecologist
laboratoire d'analyse	laboratory
médecin généraliste	family doctor
mutuelle complémentaire	private insurance
ordonnance	prescription
rendez-vous	appointment
resultats	results
sage-femme	midwife
sécurité sociale	social security
semaines	weeks
test de grossesse	pregnancy test
test sanguin	blood test

Exercices Pratiques

Fill in the blanks below with the best word choice from the vocabulary list on the previous page. Each word is only used once.

1. Vous devez voir un _____ ou une _____ tous les mois pendant votre _____.

2. Je voudrais un _____ avec le médecin.

3. Un _____ positif indique que vous avez de fortes chances d'être enceinte.

4. Demandez à votre gynécologue quand est-ce que vous allez recevoir votre formulaire de _____.

5. Ma _____ nous a donné une prime de 150 euros après mon accouchement.

6. J'ai pu voir et entendre le cœur de mon bébé durant ma première _____.

7. C'est triste de vivre à Bordeaux quand on est _____, car on ne peut pas apprécier le vin.

8. Un _____ exigera un _____ pour confirmer que vous êtes enceinte.

9. Les femmes enceintes reçoivent d'excellents soins médicaux gratuits lorsqu'elles sont couvertes par la _____.

10. Si vous avez déjà fait des _____, le gynécologue pourrait vous demander de passer une échographie.

11. N'oubliez pas de prendre votre _____ lorsque vous irez au _____.

12. Puis-je venir chercher mes _____ plus tard, aujourd'hui ?

13. Je voudrais que mes résultats me soient _____ par courrier parce que j'habite trop loin pour revenir les _____ plus tard.

14. Traduisez vos _____ en français avant votre premier rendez-vous avec le gynécologue.

15. N'oubliez pas de prévoir un _____ avec votre gynécologue quelques semaines après chaque échographie pour examiner les résultats.

Réponses aux Exercices Pratiques

1. You must see a gynecologist [gynécologue] or a midwife [sage-femme] every month during your pregnancy [grossesse].

2. I would like an appointment [rendez-vous] with a doctor.

3. A positive pregnancy test [test de grossesse] indicates that you have a high chance of being pregnant.

4. Ask your gynecologist when you will receive your pregnancy declaration [déclaration de grossesse] form.

5. My private health insurance [mutuelle complémentaire] gave us 150 euros as a bonus after my delivery.

6. I could see and hear the heart of my baby during my first ultrasound [échographie].

7. It is sad to live in Bordeaux and be pregnant [enceinte] because you cannot enjoy the wine.

8. A general doctor [médecin généraliste] will require a blood test [test sanguin] for confirming you are pregnant.

9. Pregnant women receive excellent free medical care when covered by social security [sécurité sociale].

10. If you already had miscarriages [fausses couches], the gynecologist may request that you have an ultrasound.

11. Do not forget your prescription [ordonnance] when you go to the laboratory [laboratoire d'analyse].

12. Can I pick up my results [résultats] later today?

13. I would like that my results are mailed [envoyés] to me because I live too far to return to pick them up [chercher] later.

14. Translate your medical history [antécédents médicaux] into French before your first appointment with a gynecologist.

15. Do not forget to make an appointment [rendez-vous] with your gynecologist within a few weeks [semaines] after each ultrasound to review the results.

Gynecologist or Midwife?

Lorsque vous êtes enceinte, vous pouvez choisir de voir un gynécologue, un gynécologue-obstétricien ou une sage-femme pour vos visites prénatales.

Les gynécologues et les gynécologues-obsétriciens ont une approche plus médicalisée de la grossesse que les sages-femmes. Il y a une grande différence entre les gynécologues et les gynécologues-obstétriciens. Un gynécologue a le droit de suivre des grossesses mais il se peut qu'il n'ait jamais assisté à une naissance. Les gynécologues-obstétriciens sont des spécialistes des grossesses à haut risque, et ceux qu'on appelle quand il y a des complications.

Il est avantageux de consulter un gynécologue-obstétricien car il gère des grossesses à haut risque, des complications et des situations d'urgence. Donc, si vous avez des problèmes plus tard durant votre grossesse, vous n'aurez pas à changer de médecin. Si le gynécologue a l'équipement, il peut également vous faire passer vos échographies. Les inconvénients sont le manque de soutien concernant la naissance naturelle et les remèdes homéopathiques.

Les sages-femmes sont les spécialistes des grossesses et des accouchements. Elles sont formées pour effectuer des examens routiniers, détecter des problèmes, demander des tests sanguins et tests urinaires, mesurer la taille de l'utérus, et prescrire des échographies ainsi que des médicaments.

Il est avantageux de consulter une sage-femme car elle encourage les naissances naturelles, les remèdes homéopathiques, et vous aide sur le plan émotionnel. Elle peut également proposer des cours de préparation à la naissance, des conseils aux parents et des soins postnataux. Les inconvénients sont qu'elle ne peut pas gérer les grossesses à haut risque et la plupart ne peuvent pas effectuer d'échographie s'il est nécessaire de prendre les mesures du bébé.

When you are pregnant, you can choose to see a gynecologist, obstetrician-gynecologist or midwife for your prenatal appointments.

Gynecologists and obstetrician-gynecologists have a more medicalized approach to pregnancies than midwives. There is a large difference between gynecologists and obsterician-gynecologists. A gynecologist has the right to monitor pregnancies, but may never have even witnessed a birth. Obstetrician-gynecologists are the specialists for high risk pregnancies, and the ones called when there are complications.

The advantages of seeing an obstetrician-gynecologist are that he takes care of high-risk pregnancies, complications and emergencies. So if you have problems later in your pregnancy, you will not have to change doctors. If the obstetrician-gynecologist has the equipment, he can also perform your ultrasounds. The disadvantages are lack of support for a natural birth and homeopathic remedies.

Midwives are specialists for pregnancies and deliveries. They are trained to conduct routine exams, detect problems, order blood tests and urine tests, measure uterine size, and prescribe ultrasounds and medicines.

The advantages of consulting with a midwife are she will support natural births, homeopathic remedies, and provide emotional support. She can also provide birth preparation classes, parenting advice and postnatal care. The disadvantages are she cannot oversee high risk pregnancies and most cannot perform an ultrasound when measurements of the baby are necessary.

Les accouchements sont généralement effectués par les sages-femmes, et les gynécologues sont de garde en cas de complications sérieuses. Selon Audipog (Association des Utilisateurs de Dossiers Informatisés en Pédiatrie), 70% des accouchements à faible risque sont supervisés par des sages-femmes. Il est également possible qu'un gynécologue vous aide à accoucher lorsqu'il n'y a pas de complications.

Il existe des gynécologues qui soutiennent les naissances naturelles et des sages-femmes qui préfèrent les péridurales. Lors de votre premier rendez-vous, n'hésitez pas à discuter de vos envies et de la manière dont vous envisagez votre accouchement, vous serez ainsi certaine d'avoir le soutien que vous désirez.

Deliveries are mostly handled by midwifes, and obstetrician-gynecologists are on call in case of serious complications. According to Audipog (Association des Utilisateurs de Dossiers Informatisés en Pédiatrie), 70% of low-risk births are overseen by midwives. It is possible to have a gynecologist deliver your baby when there are no complications.

There are gynecologists that support natural births, and there are midwives that prefer epidurals. At your first appointment, do not hesitate to discuss your wishes and how you envision your delivery to be handled to make sure you will have the support you need.

Vocabulaire

accouchements	deliveries
calmer la douleur	pain relief
complications	complications
envies	wishes
examens routiniers	routine examinations
faible risque	low-risk
formée	trained
médicaments	medications
mesures	measurements
naissance	birth
naissance naturelle	natural birth
remèdes homéopathiques	homeopathic remedies
risque élevé	high-risk
situations d'urgence	urgent situations
taille de l'utérus	size of the uterus
tests urinaires	urine tests

Exercices Pratiques

Fill in the blanks below with the best word choice from the vocabulary list on the prevIous page. Each word is only used once.

1. Les sages-femmes supervisent plus d'_____ que les gynécologues.

2. Les _____ sont gérées par les gynécologues-obstétriciens à l'hôpital.

3. Si votre grossesse présente un risque de _____, vous devriez consulter un gynécologue-obstétricien.

4. Prenez rendez-vous avec plusieurs gynécologues ou sages femmes jusqu'à ce que vous trouviez celui/celle avec qui vous vous sentez le mieux et qui respecte vos _____.

5. Vous avez plus de chance d'avoir une _____ avec une sage-femme qu'avec un gynécologue.

6. Pendant votre grossesse, il vous sera prescrit des tests sanguins et des _____.

7. Il est important de mesurer la _____ pour surveiller la croissance et le développement du bébé.

8. Une grossesse à _____ se produit lorsque l'on pense qu'il y a un risque de complications ou un risque pour la santé du bébé ou de la femme enceinte.

9. Les sages-femmes peuvent superviser des grossesses à _____ car la mère n'a pas besoin d'être surveillée de près.

10. Les _____ sont prescrits à une femme enceinte en cas de nécessité absolue.

11. Une sage-femme n'est normalement pas _____ pour effectuer des échographies où l'on prend les _____ du bébé pour surveiller sa croissance et son développement. Cependant, certaines sages-femmes suivent une formation complémentaire pour se spécialiser dans ce domaine.

12. Les femmes recoivent fréquemment une péridurale pour _____ pendant l'accouchement.

13. Les _____ ne présentent aucun danger durant votre grossesse si vous suivez les consignes de la sage-femme.

14. Il est demandé par la sécurité sociale de passer des _____ tous les mois afin de surveiller votre grossesse.

15. Que vous choisissiez un gynécologue ou une sage-femme, la _____ de votre bébé est entre de bonnes mains.

Réponses aux Exercices Pratiques

1. Midwives oversee more baby deliveries [<u>accouchements</u>] than gynecologists.

2. Emergencies [<u>situations d'urgence</u>] are handled by obstetrician-gynecologists at the hospital.

3. If you are at risk for complications [<u>complications</u>], you should see an obstetrician-gynecologist.

4. Make appointments with different gynecologists or midwives until you find one that you feel comfortable with and that will support your wishes [<u>envies</u>].

5. You are more likely to be able to have a natural birth [<u>naissance naturelle</u>] with a midwife than a gynecologist.

6. During your pregnancy, you will be prescribed blood and urine tests [<u>tests urinaires</u>].

7. It is important to measure the size of the uterus [<u>taille de l'utérus</u>] for monitoring the growth and development of the baby.

8. A high-risk [<u>risque élevé</u>] pregnancy is when there is a reason to believe that there will be a risk of complications or health risks for the baby or pregnant woman.

9. Midwives can handle low-risk [faible risque] pregnancies, because the mother does not have to be as closely monitored.

10. Medicines [médicaments] are prescribed to pregnant women when it is absolutely necessary.

11. A midwife is typically not trained [formée] to use ultrasounds to take measurements [mesures] of the baby for monitoring his growth and development. However, some midwives go through additional training to be specialized in this area.

12. Women frequently receive an epidural for pain-relief [calmer la douleur] when giving birth.

13. Homeopathic remedies [remèdes homéopathiques] are not dangerous during your pregnancy if you follow the midwife's instructions.

14. It is required by social security to have routine exams [examens routiniers] each month to monitor your pregnancy.

15. Whether you choose a gynecologist or midwife, your baby's birth [naissance] is in good hands.

Medical Schedule

2ème mois

- » Si votre test de grossesse est positif, téléphoner pour prendre rendez-vous chez le médecin.

3ème mois

- » 1ère consultation et examens de laboratoire.
- » 1ère échographie à 12 semaines.
- » Envoyez par courrier les formulaires de déclaration de grossesse avant que vous soyez enceinte de 14 semaines.
- » Prévoyez un entretien individuel avec une sage-femme.

4ème mois

- » Prise de sang pour évaluer le risque que le bébé soit atteint de trisomie 21.
- » 2ème consultation et examens de laboratoire.

5ème mois

- » 2ème échographie à 22 semaines.
- » Inscription à la maternité.
- » 3ème consultation et examens de laboratoire.

2nd month

» If your pregnancy test is positive, call to make an appointment with your doctor.

3rd month

» 1st consultation and laboratory tests.
» 1st ultrasound at 12 weeks.
» Mail the pregnancy declaration forms before you are 14 weeks pregnant.
» Schedule an individual interview with a midwife.

4th month

» Blood is drawn to evaluate the baby's risk of having Down's syndrome.
» 2nd consultation and blood tests.

5th month

» 2nd ultrasound at 22 weeks.
» Registration at the maternity hospital.
» 3rd consultation and blood tests.

6ème mois

- » 4ème consultation et examens de laboratoire.

7ème mois

- » Préparation à l'accouchement.
- » Congé maternité est pour bientôt.
- » 5ème consultation et les examens de laboratoire.

8ème mois

- » 3ème echographie à 32 semaines.
- » 6ème consultation et les examens de laboratoire.
- » Consultation avec un anesthésiste.

9ème mois

- » 7ème consultation et les examens de laboratoire.
- » Vérification de ce que vous devez apporter à la maternité.

6th month

» 4th consultation and blood tests.

7th month

» Preparation for birth courses.
» Maternity leave is soon.
» 5th consultation and blood tests.

8th month

» 3rd ultrasound at 32 weeks.
» 6th consultation and blood tests.
» Consultation with an anesthesiologist.

9th month

» 7th consultation and laboratory tests.
» Verify what you need to bring to the maternity hospital.

Vocabulaire

anesthésiste	anesthesiologist
apporter	to bring
congé maternité	maternity leave
consultation	consultation
entretien	interview
inscription	registration
maternité	maternity hospital
prise de sang	blood sample
risque	risk
trisomie 21	Down's syndrome

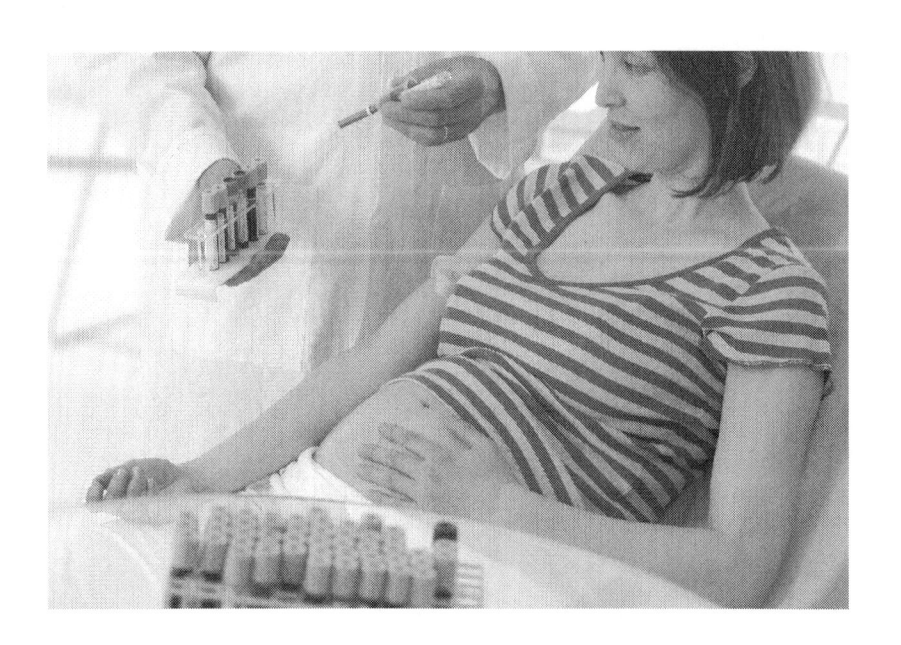

Exercices Pratiques

Fill in the blanks below with the best word choice from the vocabulary word list on the previous page. Each word is only used once.

1. Préparez une liste de questions avant votre _____ avec la sage-femme.

2. Même si cela vous est égal que le bébé ait la _____, le médecin ou la sage-femme insistera pour que vous passiez un test.

3. Durant votre grossesse, vous devrez aller régulièrement au laboratoire pour effectuer une _____ afin de le faire tester.

4. Demandez à une sage-femme ce que vous devez _____ lorsque vous viendrez à l'hôpital pour accoucher.

5. Il est important de procéder à l'_____ à l'hôpital que vous avez choisi le plus vite possible. Vous pourriez ne pas être en mesure de le faire plus tard s'il y a trop de monde le jour de la date prévue de votre accouchement.

6. Demandez à votre gynécologue ou sage-femme libérale à quelle _____ il/elle effectue les accouchements.

7. C'est l'état qui paiera votre _____, et non votre employeur.

8. L'hôpital demande que vous voyiez un _____ au moins un mois avant votre accouchement, même si vous ne prévoyez pas d'avoir une péridurale.

9. Ne manquez surtout pas une _____, sinon vous risquez de perdre votre congé maternité.

10. Fumer et boire de l'alcool présente un _____ pour la santé du bébé.

Réponses aux Exercices Pratiques

1. Prepare a list of questions before your interview [entretien] with a midwife.

2. Even if you do not think your baby has Down's syndrome [trisomie 21], the doctor or midwife will insist that you are tested.

3. During your pregnancy, you will have to go regularly to the laboratory to have blood drawn [prise de sang] for testing.

4. Ask a midwife what you need to bring [apporter] when you come to the hospital to deliver.

5. It is important to register [inscription] at the hospital you have chosen as soon as possible. You may not be able to register later if they are booked for your due date.

6. Ask your gynecologist or independent midwife which [maternité] he/she uses for deliveries.

7. The government pays for maternity leave [congé maternité], not your employer

8. Hospitals require that you see an anesthesiologist [anesthésiste] at least one month before you deliver, even if you do not plan on having an epidural.

9. Do not miss a consultation [consultation], or else you risk losing your maternity benefits.

10. Smoking and drinking alcohol places the baby's health at risk [risque].

First Prenatal Appointment

Le but de ce rendez-vous est de confirmer que vous êtes bien enceinte, de vérifier votre état de santé et de poser des questions. Votre médecin ou sage-femme vous questionnera sur vos antécédents médicaux, comme de précédents actes chirurgicaux, maladies, grossesses et avortements.

Vous devriez traduire en français vos antécédents médicaux ainsi que ceux de votre famille avant d'aller à ce rendez-vous. Incluez les dates de tous vos actes chirurgicaux et maladies graves. Vous n'avez pas à traduire tout ce qui vous est arrivé sur le plan médical, mais des maladies comme l'hypertension, le diabète, et l'anémie devraient figurer dans votre dossier médical.

Décrivez l'ensemble de vos symptômes de grossesse. Si vos symptômes sont sévères, le médecin pourra certainement trouver un moyen de vous soulager. Durant mon septième mois, le médecin m'a prescrit dix séances de massages pour mes douleurs lombaires. J'étais au paradis. Une des sages-femmes m'a même fait de l'acupuncture pour soulager la douleur.

Votre poids et votre pression sanguine seront pris à chaque rendez-vous. Si votre poids correspond à votre taille, il vous sera conseillé de ne pas prendre plus de 12 kg. Si vous souhaitez prendre des vitamines prénatales, vous devrez sans doute demander une ordonnance car certains médecins pensent qu'il ne sont pas nécessaires.

Le médecin devra savoir la date du premier jour de vos dernières règles pour estimer la date prévue de votre accouchement. Elle est calculée en ajoutant 41 semaines au premier jour suivant vos dernières règles. En France, elle sera peut-être différente de celle dans votre pays d'origine. Par exemple, on ajoute 40 semaines au premier jour suivant les dernières règles aux Etats-Unis et en Angleterre. Ma fille est née à la date exacte qui était prévue en France.

The purpose of this appointment is to confirm that you are pregnant, verify your state of health and ask questions. Your doctor or midwife will ask for your medical history, such as previous surgeries, illnesses, pregnancies, and abortions.

You should translate your personal and family history in French before going to this appointment. Include the dates of all your surgeries and major illnesses. You do not have to document everything that has ever happened to you medically, but illnesses such as high blood pressure, diabetes, and anemia should be in your medical record.

List your current pregnancy symptoms. If your symptoms are severe, the doctor may be able to help you find relief. In my seventh month, the doctor prescribed ten sessions of massages for my lower back pain. I was in heaven. One of the midwives even gave me acupuncture for pain relief.

Your weight and blood pressure will be recorded at each appointment. If your weight is normal for your height, you will be told not to gain more than 12 kg. If you want prenatal vitamins, you may have to ask for a prescription because some doctors think they are not necessary.

The doctor will need to know the date of the first day of your last period to estimate your pregnancy due date. It is calculated by adding 41 weeks to the first day of your last period. In France, it may be different than in your home country. For instance, 40 weeks are added to the first day of the last period in the United States and the United Kingdom. My daughter was born exactly on her French due date.

Vous aurez une ordonnance pour passer des tests urinaire et sanguin. Les tests urinaires sont requis chaque mois afin de tester les changements du taux de sucre et de protéine. Votre sang sera testé pour la toxoplasmose, la rubéole et la syphilis. Les femmes qui n'ont pas d'anticorps contre la toxoplasmose doivent effectuer un test sanguin chaque mois.

Le médecin vous demandera de passer un test sanguin afin de déterminer votre groupe sanguin. Votre sang devra être prélevé deux fois pour confirmer les résultats. Si votre groupe sanguin est négatif et celui du père positif, vous aurez une injection à 28 semaines. Si vous avez le même groupe sanguin, vous n'aurez pas besoin d'injection. Je n'ai pas eu cette chance – j'ai été piquée à la fesse.

Demandez à votre médecin lorsque vous recevrez vos formulaires de déclaration de grossesse. Après avoir envoyé le formulaire par la poste, vous recevrez un carnet de santé que vous devrez apporter à chacun de vos futurs rendez-vous. Il doit être rempli à chaque rendez-vous car sinon, vous risquez de perdre vos futures prestations, comme le congé maternité.

Vous devez prendre rendez-vous avec un gynécologue ou une sage-femme tous les mois pour suivre votre grossesse. Le médecin a besoin de connaître tous les changements liés aux symptômes de grossesse, il doit également vérifier votre pression artérielle et votre poids. Il vérifiera la croissance de l'utérus et la modification du col utérin. Il s'assurera également que le rythme cardiaque et les mouvements du bébé sont normaux.

You will receive a prescription for urine and blood tests. Urine tests are required monthly to test for changes in sugar and protein levels. Your blood will be tested for toxoplasmosis, rubeola, and syphilis. Women who do not have toxoplasmosis antibodies are required to have a blood test each month.

The doctor will ask you to do a blood test to determine your blood type. You must have your blood drawn twice to confirm the results. If your blood type is negative and the father is positive, you will have a shot at 28 weeks. If you have the same blood type, you will not need a shot. I was not so lucky – I got shot in the butt.

Ask your doctor when you will receive your pregnancy declaration forms. After mailing the forms, you will receive a health book that you must bring to all future appointments. It needs to be updated at each appointment, or you risk disqualifying for future benefits, such as maternity leave.

You must have an appointment with a gynecologist or midwife each month to monitor your pregnancy. The doctor needs to know about changes in pregnancy symptoms, and check your blood pressure and weight. He will examine the uterus' growth and cervical changes. He will also make sure the heartbeat and movements of the baby are normal.

Vocabulaire

actes chirurgicaux	surgeries
anémie	anemia
anticorps	antibodies
avortements	abortions
date prévue d'accouchement	pregnancy due date
dernières règles	last period
diabète	diabetes
dossier médical	medical file
douleurs lombaires	lower back pain
grossesses précédentes	previous pregnancies
groupe sanguin	blood type
hypertension	high blood pressure
maladies	illnesses
modifications du col utérin	cervical changes
poids	weight
protéine	protein
rubéole	rubeola
sucre	sugar
syphilis	syphilis
symptômes de grossesse	pregnancy symptoms
toxoplasmose	toxoplasmosis
vitamines prénatales	prenatal vitamins

Exercices Pratiques

Fill in the blanks below with the best word choice from the vocabulary list on the previous page. Each word is only used once.

1. À chaque rendez-vous, le médecin vérifiera que vous n'avez pas d'_____.

2. Si vous pensez que vous avez des _____, comme l'_____, informez-en votre médecin afin qu'il puisse vous prescrire des examens.

3. Le médecin peut déterminer si vous avez du _____ en vous prescrivant un test de quatre heures durant lequel le niveau de sucre dans votre sang sera surveillé.

4. Votre médecin voudra savoir si vous avez eu des complications lors de _____, d'_____ ou de fausses couches.

5. Votre _____ doit inclure vos antécédents médicaux ainsi que ceux de votre famille afin que le médecin soit mieux préparé si certains symptômes apparaissent pendant ou après votre grossesse.

6. Si vous ne connaissez pas la date exacte de l'un de vos _____, donnez au médecin une date approximative.

7. Les _____ et la sévérité de chaque symptôme sont différents pour chaque femme, donc ne vous inquiétez pas si vous avez l'impression que le bébé utilise votre vessie comme un trampoline.

8. Essayez de ne pas prendre plus de _____ que la limite fixée par le médecin. Vous éviterez ainsi de souffrir de _____ plus tard au cours de votre grossesse.

9. Certains médecins pensent que si vous mangez bien, il n'est pas nécessaire de prendre des _____. Vous pouvez toujours demander une ordonnance si vous préférez prendre des vitamines.

10. Le médecin peut estimer votre _____ en connaissant le premier jour de vos _____, mais cette date peut changer après votre première échographie.

11. Des tests urinaires sont prescrits pour surveiller les niveaux de _____ et de _____.

12. Les femmes qui n'ont pas d' _____ contre la _____ doivent effectuer un test sanguin chaque mois.

13. Des tests sanguins seront prescrits pour voir si vous avez la _____ ou la _____.

14. Si la mère a un _____ différent du père, elle devra avoir une injection à la 28ème semaine de grossesse.

15. Si vous avez des _____ trop tôt durant votre grossesse, le médecin vous demandera de rester au lit.

Reponses aux Exercices Pratiques

1. At each appointment, the doctor will verify that you do not have high blood pressure [hypertension].

2. If you think you have any illnesses [maladies], such as anemia [anémie], inform your doctor so he can prescribe tests.

3. The doctor can determine if you have diabetes [diabète] by prescribing a four-hour test to monitor changes in the level of sugar in your blood.

4. Your doctor will want to know if you had complications with previous pregnancies [grossesses précédentes], abortions [avortements], or miscarriages.

5. Your medical file [dossier médical] needs to include the medical history of you and your family so the doctor can be better prepared if certain symptoms appear during or after your pregnancy.

6. If you do not know the exact date of one of your surgeries [actes chirurgicaux], provide the doctor with an approximate date.

7. Pregnancy symptoms [symptômes de grossesse] and the severity of each symptom are different for each woman, so do not worry if it feels like the baby is using your bladder as a trampoline.

8. Try not to gain more weight [poids] than the limit set by the doctor. You will avoid suffering from back pain [douleurs lombaires] later in your pregnancy.

9. Some doctors believe that as long as you eat right, prenatal vitamins [vitamines prénatales] are not necessary. You can still ask for a prescription prefer taking vitamins.

10. The doctor can estimate your pregnancy due date [date prévue d'accouchement] by knowing the first day of your last period [dernières règles], but this date can change after your first ultrasound.

11. Urine tests are prescribed to monitor the levels of sugar [sucre] and protein [protéine].

12. Women who do not have antibodies [anticorps] against toxoplasmosis [toxoplasmose] must have a blood test each month.

13. Blood tests will be prescribed to see if you have rubeola [rubéole] or syphilis [syphilis].

14. If the mother has a different blood type [groupe sanguin] than the father, she will need to receive a shot at 28 weeks of pregnancy.

15. If you have cervical changes [modifications du col utérin] too early in your pregnancy, the doctor may order you to bed rest.

Ultrasounds

Les échographies sont prévues à 12, 22, et 32 semaines de grossesse. Le médecin ou la sage-femme peuvent prescrire plus d'échographies si nécessaire. La sécurité sociale rembourse 70% jusqu'au cinquième mois de grossesse, ensuite, les échographies sont remboursées à 100%.

En 2012, une échographie au premier trimestre de grossesse coûte 69 €, au deuxième trimestre 117 €, et au troisième trimestre 106 €. Donc, si vous en êtes à votre premier trimestre et si vous êtes couverte par la sécurité sociale, vous devrez payer 21 €. Vous pouvez être remboursée du montant total si vous avez une mutuelle complémentaire.

Un gynécologue ou un technicien radio peut effectuer les trois échographies aux semaines 12, 22, et 32 de grossesse. Les sages-femmes peuvent effectuer des échographies pour surveiller le développement du bébé, mais certaines ne prennent pas les mesures du bébé et n'effectuent pas non plus certaines échographies. Les sages-femmes à l'hôpital m'ont souvent fait passer des échographies pour surveiller le développement de ma fille. Si une sage-femme voit quelque chose de préoccupant, elle vous enverra consulter un gynécologue ou un médecin pour un examen plus approfondi.

Le but de la première échographie est de déterminer la date prévue d'accouchement, voir s'il y a plusieurs bébés, et déterminer si le bébé se développe dans les délais prévus. Le gynécologue ou le technicien radio peut regarder le développement des principaux organes, déterminer s'il existe des anomalies, et identifier les risques maternels et fœtaux. Le médecin va prendre des mesures puis comparer les résultats avec les tests sanguins afin de déterminer si le bébé a la trisomie 21.

Ultrasounds are scheduled at 12, 22, and 32 weeks of pregnancy. The doctor or midwife can prescribe more ultrasounds if necessary. Social security reimburses 70% until the fifth month of pregnancy, and then ultrasounds are 100% reimbursed.

In 2012, an ultrasound in the first trimester of pregnancy costs 69 €, second trimester is 117 €, and third trimester is 106 €. So if you are in the first trimester and covered by social security, you will pay 21 €. You may be reimbursed for the full amount if you have a private health insurance.

A gynecologist or radiologist can do the three ultrasounds at 12, 22, and 32 weeks of pregnancy. Midwives can perform ultrasounds to monitor the baby's development, but some do not take measurements of the baby or conduct certain ultrasounds. The midwives at the hospital frequently gave me ultrasounds to monitor my daughter's progress. If a midwife sees something of concern, you will be directed to a gynecologist or doctor for further examination.

The purpose of the first ultrasound is to determine the pregnancy due date, see if there are multiple babies, and determine if the baby is developing on schedule. The gynecologist or radiologist can watch the development of vital organs, determine if there are abnormalities and identify maternal or fetal risks. The doctor will take measurements and compare those results with blood tests to determine if the baby has Down's syndrome.

N'oubliez pas de boire beaucoup d'eau avant d'aller à ce rendez-vous. Votre vessie doit être pleine afin que l'on puisse s'en servir comme une loupe pour voir le bébé. Ne vous inquiétez pas, vous allez vite oublier l'envie de faire pipi dès que vous aurez vu le visage de votre petit ange sur l'écran.

La deuxième échographie à 22 semaines est le plus importante pour surveiller le développement du bébé. Si vous ne voulez pas savoir le sexe du bébé, faites le savoir au gynécologue ou technicien radio à l'avance. Notre technicien radio a gentiment autorisé ma mère et ma sœur à entrer dans la pièce puisqu'elles avaient fait un si long voyage pour ce moment. Lorsqu'il nous a annoncé que c'était une fille, nous avons tous pleuré.

Lors de votre deuxième échographie, vous pourrez voir où le placenta se trouve dans votre utérus. J'ai appris que j'avais un placenta antérieur, ce qui signifie qu'il était situé près de mon abdomen. La plupart des placentas sont attachés sur le côté de l'utérus près de la colonne vertébrale. Si vous avez un placenta antérieur, vous ne sentirez probablement pas votre bébé bouger beaucoup ou de bonne heure, et il sera sans doute plus difficile d'entendre ses battements de cœur. Une attention particulière doit être portée par le médecin si vous avez besoin d'une césarienne car le bébé devra être sorti de votre utérus plus rapidement.

La troisième échographie sert à surveiller les progrès du bébé et découvrir la position de votre bébé. La position la plus courante est la présentation céphalique dans laquelle la tête de votre bébé se trouve contre votre col. Si votre bébé se trouve en présentation de siège, votre médecin pourrait vous recommander une césarienne. Il est possible que votre bébé change de position après cette échographie.

Do not forget to drink plenty of water before going to this appointment. Your bladder needs to be full so that it acts as a magnifing glass to see the baby. Do not worry, you will quickly forget about the excruciating urge to pee as soon as you see your little angel's face on the screen.

The second ultrasound at 22 weeks is the most important for monitoring the baby's development. If you do not want to know the baby's sex then let the gynecologist or ultrasound technician know in advance. Our ultrasound technician kindly permitted my mother and sister to enter the room since they traveled far for this moment. When she told us the baby is a girl, all of us girls cried, and my husband was emotional.

During your second ultrasound, you will see where the placenta is located in your uterus. I found out that I had an anterior placenta, which means that it was located near my abdomen. Most placentas attach on the side of the uterus closest to the spine. If you have an anterior placenta, you may not feel your baby move much, or as early, and it may be harder to hear heartbeats. Special caution must be taken by the doctor if you need a caesarean because the baby will have to be removed from your uterus more quickly.

The third ultrasound is for monitoring the baby's progress and finding out your baby's position. The most common position is headfirst, which is when the head of your baby is against your cervix. If your baby is in the breech position, your doctor may recommend having a caesarean. There is a chance your baby will change positions after this ultrasound.

Exemple de résultat d'échographie

FOETUS

Le foetus présente des mouvements dynamiques globaux et segmentaires normaux et une activité cardiaque régulière

BIOMETRIE

Longueur cranio caudale : 56.6 mm
BIP : 20 mm
Fémur : 4,9 mm
Clarté nucale : 1,1 mm

Le terme échographique est de 12 semaines d'aménorrhée (d'après Robinson), soit un début de grossesse vers le 06/01/11 +/- 5 jours.

MORPHOLOGIE

On distingue, d'aspect normal, le pôle céphalique avec des contours de la boîte crânienne normaux et une ligne médiane, normale le rachis, les 2 cavités orbitaires, les os propres du nez, la paroi abdominale antérieure normale, les 4 membres avec 3 segments, l'estomac.

ANNEXES

Pas d'anomalie du cordon ni du liquide amniotique. L'épaississement placentaire est antérieur à distance du col. Pas de masse annexielle. Pas d'épanchement dans le cul de sac de Douglas. Pas d'anomalie vésicale.

Ultrasound Results Example

FETUS

The fetus shows normal dynamic global and segmented movements and normal cardiac activities.

BIOMETRICS

Craniocaudal length : 56.6 mm
BPD : 20 mm
Femur : 4.9 mm
Nuchal translucency : 1.1 mm

The ultrasound term is 12 weeks gestation (from Robinson), with the beginning of pregnancy at 06/01/11 +/- 5 days .

MORPHOLOGY

Can be distinguished, of normal appearance, the cephalic pole with contours of the skull and a normal center line, normal spine, the two orbital cavities, the nasal bone, normal anterior abdominal wall, the four limbs with three segments, the stomach.

APPENDICES

No abnormalities of the cord or amniotic fluid. The thickened placenta is anterior at a distance from the cervix. No adnexal mass. No effusion in the pouch of Douglas. No bladder abnormalities.

Vocabulaire

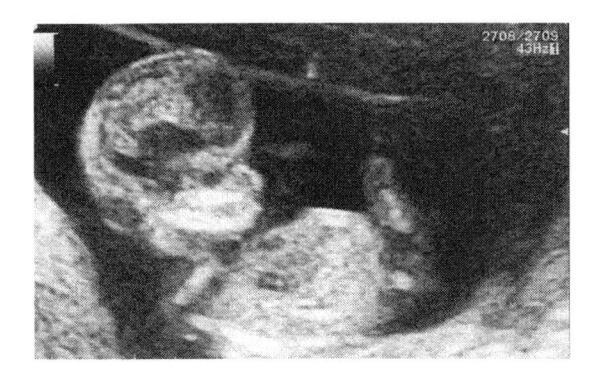

anomalies	abnormalities
écran	screen
fœtus	fetus
inoubliable	unforgettable
liquide amniotique	amniotic fluid
placenta	placenta
pleuré	cried
présentation céphalique	head first position
présentation de siège	breech position
principaux organes	vital oragans
remboursée	reimburses
surveiller	monitor
trimestre	trimester
utérus	uterus
vessie	bladder
visage	face

Exercices Pratiques

Fill in the blanks below with the best word choice from the vocabulary list on the previous page. Each word is only used once.

1. Après le cinquième mois de grossesse, une échographie est _____ à 100% par la sécurité sociale.

2. Les changements dans le développement des _____ du bébé peuvent être vus lors d'une échographie.

3. Le technicien radio recherchera des _____ et des problèmes potentiels.

4. L'échographie du deuxième _____ a été ma préférée parce que mon bébé était assez petit pour que nous puissions voir son corps entier sur l'ecran, mais assez grand pour que nous puissions voir bouger ses petites mains et ses petits pieds.

5. À 12 semaines, vous pouvez entendre battre le cœur du _____.

6. Vous devez avoir une _____ pleine avant chaque échographie afin que le technicien radio puisse voir le bébé clairement.

7. Vous pouvez voir votre bébé sur un _____ au moment même où le technicien radio l'examine sous différents angles.

8. Les échographies sont nécessaires à chaque trimestre pour _____ le développement de votre bébé.

9. J'ai été émue lors de chaque échographie, et j'ai presque _____ chaque fois que je voyais son _____.

10. Apprendre que mon bébé était une fille fut un moment _____.

11. Si vous voyez votre bébé en _____ lors de votre troisième échographie, il aura encore du temps pour se retourner.

12. Le _____ est situé à l'arrière de l'utérus vers la colonne vertébrale, mais peut parfois être à l'avant près de l'abdomen.

13. La position la plus fréquente pour les bébés est d'avancer en _____ avant que vous ne commenciez le travail.

14. Le _____ entoure votre bébé et le protège.

15. Votre _____ se développera en même temps que votre bébé.

Réponses aux Exercices Pratiques

1. After the fifth month of pregnancy, an ultrasound is 100% reimbursed [remboursée] by social security.

2. Changes in the development of the baby's vital organs [principaux organes] can be viewed in an ultrasound.

3. The ultrasound technician will search for abnormalities [anomalies] and potential problems.

4. The second trimester [trimestre] ultrasound was my favorite because my baby was small enough so we can see her full body on the screen, yet large enough so we can watch her little hands and feet move.

5. At 12 weeks, you can hear the heart of the fetus [foetus].

6. You should have a full bladder [vessie] before each ultrasound so the ultrasound technician is able to see the baby clearly.

7. You can see your baby on a screen [écran] as the ultrasound technician views her at different angles

8. Ultrasounds are necessary at each trimester to monitor [surveiller] the progress of your baby's development.

9. I was emotional for each ultrasound, and I almost cried [pleuré] each time I saw her face [visage].

10. Finding out my baby was a girl was an unforgettable [inoubliable].

11. If you see your baby in the breech position [présentation de siège] at your third ultrasound, there is still time for her to turn around.

12. The placenta [placenta] is located in the back of the uterus towards the spine, but sometimes can be in the front near the abdomen.

13. It is most common for babies to move into the head first position [présentation céphalique] before you go into labor.

14. Amniotic fluid [liquide amniotique] surrounds your baby and protects her.

15. Your uterus [utérus] will grow as your baby grows.

Maternity Leave

Il est légalement obligatoire, ce n'est pas une décision personnelle, de prendre un congé maternité. Afin de recevoir une compensation pour la perte de votre salaire, vous devez complètement arrêter de travailler. Votre contrat de travail est suspendu et vous ne pouvez être licenciée par votre employeur que dans des circonstances très particulières. L'entreprise doit vous redonner votre travail ou un travail similaire dès votre retour de congé maternité.

Vous recevrez 16 semaines de congé maternité payées par l'Assurance Maladie, et non par votre employeur. Si c'est votre troisième enfant, vous recevrez 26 semaines de congé maternité. Les mères enceintes de jumeaux ou de triplés ont respectivement 34 ou 46 semaines de congé maternité.

Les 16 semaines de congé maternité sont divisées de sorte à ce que vous receviez six semaines avant la date prévue de votre accouchement et dix semaines après la date prévue de votre accouchement. Vous pouvez changer les dates si vous préférez travailler plus longtemps avant d'accoucher pour passer plus de temps avec votre bébé durant le congé maternité. Si vous voulez faire ce changement, parlez-en à votre médecin ou sage-femme.

Les naissances prématurées ne changent pas la date de retour au travail. Le congé maternité sera toujours basé sur la date officielle d'accouchement, et non sur la date réelle d'accouchement. Le congé maternité est retardé pour les bébés nés tard. La fin du congé maternité sera calculée à partir de la date réelle d'accouchement au lieu de la date officielle d'accouchement.

En cas de complications ou de problèmes de santé, vous pouvez avoir 14 jours supplémentaires de congé maternité avant la naissance, ou quatre semaines après la naissance. Si le bébé doit rester à l'hôpital après sa naissance, vous pouvez retourner travailler et prendre votre congé maternité lorsque votre bébé sera prêt à rentrer à la maison.

It is required by law, not a personal decision, to take maternity leave from work. To receive compensation for your loss of salary, you must stop all work activity. Your work contract is suspended and only in special circumstances can you be dismissed by your employer. The company must provide you with the same, or similar, job when you return from maternity leave.

You will receive 16 weeks of paid maternity leave from l'Assurance Maladie, not your employer. If this is your third child, you will receive 26 weeks of maternity leave. Mothers pregnant with twins or triplets receive 34 or 46 weeks of maternity leave, respectively.

The 16 weeks of maternity leave are divided so that you will receive six weeks before your due date and ten weeks after your due date. You can change the dates if you prefer to work longer before giving birth to spend more time with your baby during maternity leave. If you would like to make this change, speak to your doctor or midwife.

Premature births do not change the date of returning to work. Maternity leave will still be based on the official due date, not the actual due date. Maternity leave is delayed for babies born late. The end of maternity leave will be calculated from the actual date of birth instead of the official due date.

If there are complications or health problems, you can have an additional 14 days of maternity leave before birth, or four weeks after birth. If the baby must stay in the hospital after birth, you may return to work and take maternity leave when your baby is ready to go home.

Je me suis inscrite en tant qu'auto-entrepreneur lorsque j'étais enceinte de six mois. À ma grande surprise, j'ai reçu un courrier stipulant que j'avais le droit à un congé maternité. Mon mari a appelé le Régime Social des Indépendants (RSI) deux fois pour confirmer que c'était bien vrai. Les auto-entrepreneurs reçoivent une indemnité journalière forfaitaire d'interruption d'activité et une allocation forfaitaire de repos maternel. Au septième mois de grossesse, les femmes reçoivent la moitié de la somme et l'autre moitié est versée après l'accouchement.

Indemnité d'interruption d'activité :
2.130,48 € pour 44 jours
2.856,78 € pour 59 jours
3.583,08 € pour 74 jours

Montant forfaitaire pour le reste : 2.946 €

Les montants peuvent varier en cas de naissances multiples, ou en cas d'adoption d'un ou plusieurs enfants. Les femmes doivent cesser de travailler pendant au moins 44 jours, dont 14 jours avant la date officielle de leur accouchement. Cette période peut être prolongée de 15 ou 30 jours consécutifs.

Les pères recoivent 14 jours de congé paternité payés ou 18 jours dans le cas de naissances multiples. Il est recommandé de prendre ce congé immédiatement après la naissance, mais il peut également être pris durant les quatre premiers mois suivant la naissance du bébé.

I registered as an auto-entrepreneur when I was six months pregnant. To my surprise, I received a letter stating that I was entitled to maternity leave. My husband called the Régime Social des Indépendants (RSI) twice to confirm this was true. Auto-entrepreneurs receive an allowance for the interruption of business activities and an allowance for resting. At the seventh month of pregnancy, women receive half of the lump sum and the other half after giving birth.

Allowance for Interruption of Business Activities:
   2,130.48 € for 44 days
   2,856.78 € for 59 days
   3,583.08 € for 74 days

Lump Sum for Resting: 2,946 €

Amounts may change if having multiple births, or adopting one or multiple children. Women must stop working for at least 44 days, with 14 days being before their official pregnancy due date. This period can be extended by 15 or 30 consecutive days.

Fathers receive 14 days of paid paternity leave or 18 days in the case of multiple births. It is recommended to take this time off immediately after birth, but it can be used anytime during the baby's first four months.

Vocabulaire

allocation forfaitaire de repos maternel	allowance for maternal resting
congé paternité	paternity leave
divisé	divided
droit	right
indemnité journalière forfaitaire d'interruption d'activité	allowance for business interruption
jumeaux	twins
prolongé	prolonged
rentrer à la maison	return home
rester	to stay
retardé	delayed
retourner	to return
triplés	triplets

Exercices Pratiques

Fill in the blanks below with the best word choice from the vocabulary list on the previous page. Each word is only used once.

1. Vous aurez droit à des jours supplémentaires de congé maternité si vous attendez des _____ ou des _____.

2. Le congé maternité peut être _____ afin que vous puissiez passer plus de temps à la maison après la naissance de votre bébé.

3. Il est interdit par la loi de _____ travailler avant la fin de votre congé maternité.

4. Le retour au travail peut être _____ si votre bébé est né après la date prévue d'accouchement.

5. Il est normal de _____ à l'hôpital quatre à six jours après l'accouchement.

6. L'hôpital vous obligera à rester plus longtemps avant de _____ si votre bébé ne progresse pas normalement.

7. Puisque je me suis inscrite en tant qu'auto-entrepreneur à la fin de ma grossesse, j'ai reçu la totalité de l'_____ et de l'_____ un mois après mon accouchement.

8. Vous êtes en _____ de recevoir un congé maternité si vous êtes résident de France.

9. Le congé maternité peut être _____ sous certaines conditions.

10. Les pères récemment inscrits en tant qu'auto-entrepreneur peuvent également recevoir un _____.

Réponses aux Exercices Pratiques

1. You have the right to have additional days of maternity leave if you are expecting twins [jumeaux] or triplets [triplés].

2. Maternity leave can be divided [divisé] so that you have more time at home after the birth of your baby.

3. It is against the law to return [retourner] to work before the end of your maternity leave.

4. Returning to work can be delayed [retardé] if your baby is born after her due date.

5. It is normal to stay [rester] in the hospital four to six days after giving birth.

6. The hospital can make you wait longer to return home [rentrer à la maison] if your baby is not progressing normally.

7. Since I registered as an auto-entrepreneur at the end of my pregnancy, I received the full allowance for business interruption [indemnité journalière forfaitaire d'interruption d'activité] and allowance for resting [allocation forfaitaire de repos maternel] a month after giving birth.

8. You have the right [droit] to receive maternity leave if you are a resident of France.

9. Maternity leave is extended [prolongé] under certain conditions.

10. New fathers registered as auto-entrepreneurs also qualify for paternity leave [congé paternité].

Complementary Health Insurance

La couverture des soins de santé est universelle par le biais de la sécurité sociale pour les résidents français et ceux qui travaillent en France. Vous pouvez également être couverte par la sécurité sociale si vous êtes mariée ou en concubinage avec quelqu'un qui a une couverture santé, ou encore si vous bénéficiez de la Couverture Maladie Universelle (CMU) ou de l'Aide Médicale d'Etat (AME). Si vous n'êtes pas certaine de pouvoir bénéficier d'une couverture maladie universelle, contactez l'Assurance Maladie. J'y ai eu droit avant que nous nous marions et après avoir prouvé que j'avais vécu avec mon compagnon français en France depuis plus de six mois.

La sécurité sociale ne rembourse pas 100% des frais médicaux, sauf pour les grossesses après le cinquième mois. Selon le rapport intitulé « L'assurance maladie privée en France » de l'Organisation pour la Coopération et le Développement Economique, 92% de la population avait une complémentaire santé par le biais de mutuelles à but non lucratif ou d'assureurs commerciaux en 2004. Les assurances santé respectent un principe de solidarité en ne demandant pas les antécédents médicaux du demandeur ou en ne fixant pas les prix des forfaits selon l'état de santé de la personne. La plupart des gens étant inscrits dans une mutuelle, les hôpitaux et les médecins demandent donc généralement le nom de la mutuelle au lieu du nom de l'assurance santé complémentaire.

J'étais enceinte lorsque nous nous somme inscrits à une mutuelle complémentaire, et ma grossesse a été couverte immédiatement. Puisque nous avions signé le contrat plus de trois mois avant que j'accouche, on ne m'a refusé aucune prestation.

Health care coverage is universal through social security for residents and those working in France. You can also be covered by social security if you are married or a partner to someone with health coverage, or if you benefit from Couverture Maladie Universelle (CMU) or the l'Aide Médicale de l'Etat (AME). If you are not sure if you qualify for universal health care, contact l'Assurance Maladie. I had qualified before we were married after proving that I lived with my French boyfriend in France for over six months.

Social security does not reimburse 100% of medical expenses, except for pregnancies after the fifth month. According to the Oranization for Economic Co-operation and Development in their report titled "Private Health Insurance in France," 92% of the population had a complementary health insurance through nonprofit mutuals or commercial health insurances in 2004. Health insurers respect the solidarity principle of not requesting the applicant's medical history or basing premiums on the person's state of health. Since most people are registered with mutuals, hospitals and doctors typically ask for the name of the mutual instead of the name of the complementary health insurance.

I was pregnant when we applied for a mutual, and it covered my pregnancy immediately. Since we signed the contract more than three months before I gave birth, I was not excluded from any benefits.

Certains contrats fixent des limites, ils ne couvrent pas certaines dépenses liées à la grossesse durant les neuf premiers mois du contrat. Ils ne remboursent pas non plus une chambre individuelle ou des lits supplémentaires à l'hôpital pendant les trois premiers mois. Les assureurs ne peuvent pas annuler un contrat ou réduire la couverture après une période de deux ans.

Les contrats collectifs ne peuvent pas exclure des conditions médicales particulières. Les contrats individuels peuvent exclure certaines prestations à condition que ce soit clairement expliqué dans le contrat. Une personne peut décider de résilier son contrat collectif et garder la même couverture avec le même assureur.

Ma mutuelle complémentaire me coûte 31 € par mois et je suis remboursée à 100% pour la plupart de mes dépenses médicales. Je me suis cassé le doigt et je n'ai rien eu à payer pour deux actes chirurgicaux et des séances de kiné. Lorsque mon gynécologue m'a obligée à rester au lit pour mon septième mois de grossesse, notre mutuelle complémentaire nous a offert huit heures de ménage. Ma chambre individuelle à la maternité était également prise en charge et nous avons reçu 150 € de prime pour la naissance du bébé. La plus grande différence entre les forfaits est le montant de la couverture pour les soins dentaires et les soins oculaires.

Je vous recommande de choisir une mutuelle en lien direct avec la sécurité sociale car vous gagnerez ainsi un temps précieux. Notre première mutuelle n'avait pas de lien direct avec la sécurité sociale, nous devions donc envoyer les papiers et attendre les remboursements. La mutuelle où nous sommes actuellement nous rembourse sous deux jours après que la sécurité sociale ait effectué son remboursement.

Some contracts have limitations, such as not covering pregnancy-related expenses for the first nine months of the contract, or it will not cover items such as a private rooms or extra cots at the hospital for the first three months. Insurers cannot cancel a contract or reduce coverage after two years.

Group contracts cannot exclude particular medical conditions. Individual contracts can make exclusions as long as they are clearly explained to the applicant. An individual can leave the group plan and maintain the same coverage through that insurer.

My mutual costs 31 € per month and I am reimbursed at 100% for most medical expenses. I broke a finger and had nothing to pay for two surgeries and physical therapy sessions. When my gynecologist required me to rest in bed for my seventh month of pregnancy, our mutual offered eight hours of house cleaning. My individual room at the maternity hospital was free of charge and we received a bonus of 150 € for having a baby. The largest difference between plans is the amount of coverage for dental and eye care.

I recommend choosing a mutual that communicates directly with social security because it saves precious time. Our first mutual did not have direct communication with social security, so we had to send in paperwork and wait for reimbursements. Our current mutual reimburses us within two days after we are reimbursed by social security.

Vocabulaire

à but non lucratif	non-profit
annuler	cancel
assureurs commerciaux	commercial insurers
chambre individuelle	private room
couverture	coverage
demandeur	applicant
dentaires	dental
forfaits	premiums
frais médicaux	medical expenses
lit supplémentaire	extra cot
oculaires	eye care
prestations	benefits
principe de solidarité	solidarity principle
réduire	reduced
remboursements	reimbursements

Exercices Pratiques

Fill in the blanks below with the best word choice from the vocabulary list on the previous page. Each word is only used once.

1. Même si vous avez déjà une _____ par le biais de la sécurité sociale, le fait de s'inscrire à une mutuelle peut vous faire économiser de l'argent.

2. La sécurité sociale rembourse 100% des_____ après le cinquième mois de grossesse.

3. Beaucoup de gens choisissent une mutuelle pour leur complémentaire santé car elles sont généralement moins chères et respectent le _____.

4. Les mutuelles sont _____.

5. Dans le passé, les _____ n'étaient pas tenus de respecter le principe de solidarité, ils pouvaient donc refuser de couvrir le _____ en fonction de son état de santé.

6. La plus grande différence qui existe entre les différents _____ est le montant de la couverture pour les soins _____ et les soins _____.

7. Nous nous sommes inscrits à une des plus grandes mutuelles françaises pour notre complémentaire santé car elle propose un prix très intéressant et des _____ rapides.

8. Si vous êtes déjà enceinte au moment de vous inscrire à une mutuelle, renseignez-vous pour savoir si vous recevrez moins de _____.

9. Des mutuelles couvriront certaines dépenses, comme une _____ et un _____ à l'hôpital.

10. Si vous êtes inscrite à une mutuelle depuis plus de deux ans, celle-ci ne peut pas _____ votre couverture santé ni _____ votre contrat.

Réponses aux Exercices Pratiques

1. Even if you have coverage [couverture] through social security, enrolling with a mutual can save you money.

2. Social security pays for 100% of medical expenses [frais médicaux] after the fifth month of pregnancy.

3. Many people choose a mutual for their complementary health insurance because they are generally cheaper and respect the solidarity principle [principe de solidarité].

4. Mutuals are non-profit [à but non lucratif].

5. In the past, commerical insurers [assureurs commerciaux] were not required to respect the solidarity principle, so they were able to refuse covering the applicant [demandeur] based on his sate of health.

6. The largest difference between premiums [forfaits] is the coverage of dental [dentaires] and eye care [oculaires].

7. We registered for health insurance at one of the largest mutuals in France because it offered us the best price and quick reimbursements [remboursements].

8. If you are already pregnant when applying with a mutual, ask if you will be reveive less benefits [prestations].

9. Some mutuals will cover expenses such as a private room [chambre individuelle] and extra cot [lit supplémentaire] in the maternity hospital.

10. If you are registered with a mutual for over two years, it cannot reduce [réduire] your coverage or cancel [annuler] your contract.

Birthing Locations

La plupart des futures mères ont la possibilité d'accoucher à l'hôpital, dans une maison de naissance ou à domicile. Vos options peuvent être limitées en fonction de l'endroit où vous vivez.

LES MATERNITÉS

Les maternités disposent d'équipes médicales avec un anesthésiste, un pédiatre et des sages-femmes. La taille de l'équipe n'est pas réduite dans les hôpitaux de niveaux inférieurs.

NIVEAU 1. La maternité est adaptée à la plupart des grossesses. Elle est équipée en cas d'urgences mais doit transférer les patientes dans un hôpital de niveau trois si des soins à long terme sont nécessaires. Elle ne peut traiter les naissances prématurées que si la femme est enceinte d'au moins 33 semaines.

NIVEAU 2. Les hôpitaux de cette catégorie disposent d'une unité néonatale de soins intensifs ou peuvent en avoir l'accès immédiat. Les bébés prématurés peuvent naître dans cet hôpital et ils seront transférés dans un hôpital de niveau trois si des traitements coûteux sont nécessaires.

NIVEAU 3. Les maternités de niveau trois disposent d'un centre de réanimation néonatale avec une unité néonatale de soins intensifs. Elles ont l'équipement et la formation nécessaires pour gérer les naissances prématurées de moins de 33 semaines. Si vous avez une grossesse à haut risque ou des problèmes de santé, votre médecin vous recommandera de vous rendre dans un hôpital de ce niveau.

Most mothers-to-be have the option of giving birth at a hospital, birthing center or home. Your options may be limited depending on where you live.

MATERNITY HOSPITALS

Maternity hospitals provide a medical team consisting of an anesthesiologist, pediatrician and midwives. The size of the team is not reduced for lower level hospitals.

LEVEL 1. This maternity hospital is suitable for most pregnancies. It is equipped for emergencies but must transfer patients to a level three hospital if long-term care is needed. It can only handle premature births if the woman is at least 33 weeks pregnant.

LEVEL 2. Hospitals in this category have a neonatal intensive care unit or immediate access to one. Premature babies can be born in this hospital and are transferred to a level three hospital if expensive treatments are needed.

LEVEL 3. Maternity hospitals designated as level three have a neonatal resuscitation center with a neonatal intensive care unit. They have the necessary equipment and training to handle premature births of less than 33 weeks. If you have a high-risk pregnancy or health concerns, your doctor will recommend that you register with a hospital of this level.

J'habitais à distance égale d'une maternité de niveaux un et trois. L'hôpital de niveau trois avait des équipements récents et une maison de naissance – j'ai tout particulièrement aimé la baignoire et le lit spacieux pour le travail. J'ai choisi l'hôpital le plus petit car je m'y sentais mieux. Puisqu'il se trouvait dans une ville de seulement 20 000 habitants, les sages-femmes étaient moins occupées et stressées. Je m'y suis sentie plus détendue puisque les sages-femmes prenaient leur temps avec chaque patiente. Je n'hésiterais cependant pas à aller dans un hôpital de niveau trois si c'était nécessaire.

Si vous avez une grossesse à faible risque et que plusieurs hôpitaux sont à proximité, rendez-vous dans chaque hôpital pour voir où vous vous sentez le plus à l'aise. Vous pouvez trouver des classements et des avis sur les maternités sur maman.fr.

MAISONS DE NAISSANCE

Les maisons de naissance sont dirigées par des sages-femmes et permettent aux femmes d'accoucher dans un endroit confortable et sûr. Ces centres se trouvent uniquement dans des hôpitaux de niveau trois et sont destinés à des grossesses à faible risque. Certains centres de naissance disposent de baignoires pour accoucher dans l'eau et de ballons d'accouchement pour le travail. En cas d'urgence, les femmes sont transférées à la maternité.

I lived an equal distance to a level one and three maternity hospital. The level three hospital had updated equipment, and a birthing center – I especially loved the bathtub and the spacious bed for laboring. I chose the smaller hospital because I felt better there. Since it was in a village of only 20,000 people, the midwives were not as busy and stressed. I felt more relaxed since the midwives took their time with everyone. However, I would not hesitate to go to the level three hospital if needed.

If you have a low risk pregnancy and several hospitals nearby, visit each hospital to see where you feel the most at ease. You can find rankings and reviews of maternity hospitals on maman.fr.

BIRTHING CENTERS

Birthing centers are run by midwives and provide women with a comfortable and secure place to give birth. These centers are only located in level three hospitals and are for low-risk pregnancies. Some birthing centers feature bathtubs for water births and birthing balls for laboring. In case of an emergency, women are transferred to the maternity hospital.

NAISSANCES À DOMICILE

Accoucher à domicile n'est pas répandu en France. L'Enfant du Premier Age, également connu sous le nom de Livre Bleu, précise que seulement 0,2% des naissances ont lieu à domicile. Une sage-femme libérale doit être présente pour superviser la naissance. Elle vous enverra à l'hôpital le plus proche au moindre problème, et aura du matériel d'oxygénation et d'autres équipements nécessaires pour la réanimation en cas d'urgence.

Je voulais accoucher à domicile mais je n'ai pas pu trouver de sage-femme libérale près d'où nous habitions. La plus proche était à 50 minutes et elle ne prenait des patientes qu'a 45 minutes de chez elle maximum. J'espère pouvoir trouver une sage-femme libérale la prochaine fois.

Si vous souhaitez trouver des sages-femmes libérales près de chez vous, rendez-vous sur le site de l'Association Nationale des Sages-Femmes Libérales à l'adresse suivante : www.ansfl.org. Cliquez sur le lien "où trouver une sage-femme libérale."

HOME BIRTHS

Giving birth at home is not popular in France. L'Enfant du Premier Age, also known as The Livre Blue, states that only 0.2% of births take place in the home. An independent midwife must be present to supervise the birth. She would rush you to the nearest hospital at the first sign of trouble, and have oxygen equipment and other tools necessary for resuscitation in case of an emergency.

I wanted to have a home birth but could not find an independent midwife near where we lived. The closest one was 50 minutes away, and she took clients up to 45 minutes away. I hope I can find an independent midwife next time.

If you wish to find independent midwives near your home, visit the Association Nationale des Sages-Femmes Libérales at : www.ansfl.org. Click on the link "où trouver une sage-femme libérale."

Vocabulaire

à domicile	at home
accès immédiat	immediate access
baignoire	bathtub
ballons d'accouchement	birthing balls
bébés prématurés	premature babies
centre de réanimation néonatale	neonatal resuscitation center
équipes médicales	medical teams
maison de naissance	birthing center
oxygénation	oxygen
pédiatre	pediatrician
réanimation	resuscitation
sage-femme libérale	independent midwife
soins à long terme	longterm care
transférer	transfer
unité néonatale de soins intensifs	neonatal intensive care unit
urgence	emergency

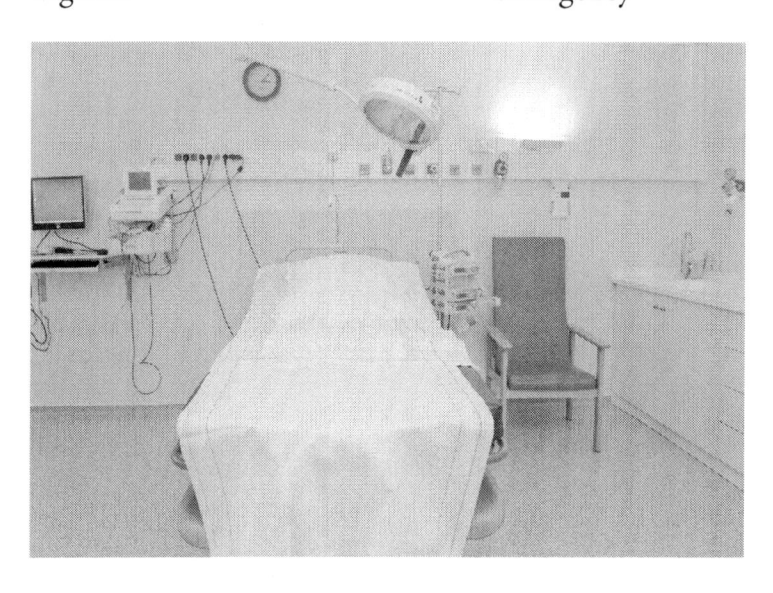

Exercices Pratiques

Fill in the blanks below with the best word choice from the vocabulary list on the previous page. Each word is only used once.

1. J'ai utilisé mon ballon d'exercice pour le travail chez moi avant d'aller à l'hôpital car il ressemblait aux _____ disponibles là-bas.

2. Si vous voulez accoucher _____, assurez-vous d'avoir un _____ à un hôpital de niveau trois en cas d'urgence.

3. Peu importe la taille de l'hôpital, les _____ sont toutes de la même taille.

4. Si vous voulez accoucher à domicile, une _____ devra être présente.

5. Vous rencontrerez un _____ dans les 24 heures suivant votre accouchement afin de s'assurer que votre bébé se porte bien.

6. En cas d'_____ qui nécessiterait que vous ou votre bébé ayez besoin de _____, vous serez transférée dans un hôpital de niveau trois.

7. Les maternités de niveaux un et deux doivent _____ les femmes accouchant de _____ dans une maternité de niveau trois.

8. Les maternités de niveau trois disposent d'un _____ au sein d'une _____ _____.

9. Une sage-femme libérale apportera du matériel de _____ et d'_____ chez vous lorsque vous êtes en plein travail.

10. Les accouchements dans l'eau dans une _____ sont possibles dans une _____ et à domicile.

Réponses aux Exercices Pratiques

1. I used my exercise ball for laboring at home before going to the hospital since it looked similar to the birthing balls [ballons d'accouchement] provided there.

2. If you would like to give birth at home [à domicile], make sure you have immediate access [accès immédiat] to a level three hospital in case of an emergency.

3. It does not matter the size of the hospital, the size of the medical team [équipes médicales] is always the same.

4. If you want to give birth at home, you will need an independant midwife [sage-femme libérale] to be present.

5. You will meet with a pediatrician [pédiatre] within 24 hours after delivery to make sure your baby is doing well.

6. In case of an emergency [urgence] that requires you or the baby to need long-term care [soins à long terme], you will be transferred to a level three hospital.

7. Level one or two maternity hospitals must transfer [transférer] women delivering premature babies [bébés prématurés] to a level three maternity hospital.

8. Level three hospitals include a neonatal resuscitation center [centre de réanimation néonatale] within its neonatal intensive care unit [unité néonatale de soins intensifs].

9. An independent midwife will bring resuscitation [réanimation] and oxygen [oxygénation] equipment to your home when you are in labor.

10. Water births in a bathtub [baignoire] are possible at a birthing center [maison de naissance] and at home.

Birth Preparation Classes

Vous avez la possibilité d'assister à huit cours de préparation à l'accouchement. Ces cours sont couverts par la sécurité sociale et sont gratuits, même lorsqu'ils sont pris avec une sage-femme libérale. Si vous prenez des cours privés, assurez-vous que le prix n'est pas plus élevé que ce que rembourse la sécurité sociale.

Le premier cours de préparation à l'accouchement est un entretien de 45 minutes à une heure avec une sage-femme durant lequel vous discuterez des changements psychologiques, sociaux et familiaux prévus après la naissance. J'ai assisté à cet entretien en pensant que la sage-femme me parlerait de la vie après l'accouchement. Dès que je me suis assise avec mon mari, elle nous a demandé si nous avions des questions. Vous devriez préparer une liste de questions avant d'assister à cet entretien.

Vous pouvez avoir des cours de préparation à l'accouchement avec une sage-femme ou un médecin. J'ai assisté à des séances de groupe avec l'une des sages-femmes de l'hôpital où j'avais prévu d'accoucher. Vous apprendrez ce à quoi vous devez vous attendre avec votre corps durant les derniers stades de la grossesse, la naissance de l'enfant et au moment de récupérer. Vous aurez suffisement de temps pour parler de vos problèmes, craintes et fantasmes. Le but est que vous sachiez à quoi vous attendre pour que vous ne soyez pas anxieuse ou tendue au cours du travail.

Mes cours se déroulaient dans une pièce relaxante située à l'extérieur de l'hôpital. Nous sommes allées à l'hôpital lorsqu'il a fallu parler des positions d'accouchement. Nous avons eu l'opportunité de nous allonger sur le lit et de mettre nos pieds dans les étriers. Ce fut réconfortant de savoir ce que cela ferait à l'avance.

You have the option of attending eight birth preparation classes. These classes are covered by social security and are free, even when taken with independent midwives. If you are taking private classes, make sure that the price is not more than what social security remburses.

The first birth preparation class is an interview with a midwife for 45 minutes to an hour to discuss psychological, social and family changes to expect after giving birth. I attended this interview thinking the midwife would tell me all about life after giving birth. As soon as I sat down with my husband, she asked if we had questions. You should prepare a list of questions before attending this interview.

You can have birth preparation classes with a midwife or doctor. I attended group sessions with one of the midwives at the hospital where I planned to give birth. You will learn what to expect of your body during the late stages of pregnancy, childbirth and recovery. There is plenty of time given for discussing your problems, fears and fantasies. The purpose is for you to know what to expect so you will not be anxious or tense during labor.

My classes were located in a relaxing room off the hospital property. We visited the hospital when it was time to discuss birthing positions. We had a chance to lay on the bed and put our feet in the stirrups. It was comforting to know what it would feel like ahead of time.

La dernière heure de chaque cours était consacrée aux exercices de respiration de contrôle. J'ai eu du mal à suivre les visualisations en français et je me suis senti frustrée. Mon mari s'ennuyait durant cette partie, il m'a donc soudoyé pour que nous les séchions. Malheureusement, j'ai choisi les délices sucrés à la boulangerie au lieu d'apprendre à respirer durant la douleur. Cela me semblait être une bonne idée à ce moment-là.

Notre hôpital proposait également des cours de préparation à l'accouchement dans une piscine. Cela semblait très apaisant, mais nous devions y adhérer pour un an afin d'y participer. C'était cher et je savais que je ne retournerai pas à la piscine, nous sommes donc allés aux cours classiques. Mon mari a assisté à chaque cours afin d'être mon interprète. C'était amusant d'assister aux cours ensemble et également un bon moyen pour lui de comprendre ce par quoi j'allais passer et de poser des questions.

The final hour of each course was devoted to breathing control exercises. I had trouble following the visualizations in French and became frustrated. My husband was bored during this part, so he bribed me to skip them. Unfortunately, I chose sugary delights at the bakery instead of learning how to breathe through pain. It sounded like a good idea at the time.

Our hospital also offered birth preparation classes in the pool. It looked very soothing, but we were required to purchase a year membership to participate. It was expensive and I knew I would not return to the pool later, so we went to the traditional classes. My husband attended each class with me as my interpreter. It was fun attending the classes together, and it was a good opportunity for him to understand what I will be going through and ask questions.

Vocabulaire

anxieuse	anxious
apaisante	soothing
changements	changes
cours de préparation à l'accouchement	birth preparation classes
craintes	fears
entretien	interview
étriers	stirrups
exercices de respiration de contrôle	breathing control exercises
familiaux	familial
fantasmes	fantasies
piscine	pool
positions d'accouchement	birthing positions
psychologiques	psychological
réconfortant	comforting
récupérer	recovery
relaxant	relaxing
séances de groupe	group sessions
sociaux	social
tendue	tense
visualisations	visualizations

Exercices Pratiques

Fill in the blanks below with the best word choice from the vocabulary list on the previous page. Each word is only used once.

1. J'ai aimé les _____ car j'y ai appris ce à quoi m'attendre au cours du travail et les différentes positions durant le travail.

2. Cela m'aurait aidé d'avoir une liste de questions préparées pour l'_____ avec la sage-femme.

3. Il est important de comprendre les changements _____, _____ et _____ qui se produiront après l'accouchement.

4. Ce fut réconfortant de partager mes _____ et _____ avec d'autres femmes enceintes durant les _____.

5. La plupart des femmes reste à l'hôpital pendant quatre jours après l'accouchement pour _____.

6. Vous apprendrez différentes _____ et pourrez même vous allonger sur un lit d'accouchement avec des _____ durant le cours.

7. Nager dans une _____ est relaxant lorsque vous vous sentez _____, _____ et stressée.

8. Pratiquez les _____ et de _____ que vous avez appris au cours.

9. C'est _____ de savoir ce à quoi vous attendre à l'hôpital lorsque c'est le moment d'accoucher.

10. La plupart des hôpitaux ont un lecteur CD avec lequel vous écouterez de la musique _____ durant le travail.

Réponses aux Exercices Pratiques

1. I enjoyed the birth preparation classes [cours de préparation à l'accouchement] because I learned what to expect when in labor and different laboring positions.

2. It would have been helpful if I had a list of questions prepared for the interview [entretien] with the midwife.

3. It is important to understand the psychological [psychologiques], social [sociaux], and family [familiaux] changes that occur after giving birth.

4. It was comforting to share our fears [craintes] and fantasies [fantasmes] with other pregnant women in the group sessions [séances de groupe].

5. Most women stay in the hospital for four days after giving birth for recovery [récupérer].

6. You will learn different birthing positions [positions d'accouchement] and even get to lie in a birthing bed with stirrups [étriers] during the class.

7. Swimming in a pool [piscine] is relaxing [relaxant] when you feel anxious [anxieuse], tense [tendue] and stressed.

8. Practice the breathing control exercises [exercices de respiration de contrôle] and visualizations [visualisations] you learned in the course.

9. It is comforting [réconfortant] to know what to expect at the hospital when it is time to give birth.

10. Most hospitals will have a CD player so you can listen to soothing [apaisante] music while in labor.

Labor

Demandez à une sage-femme de votre hôpital quand est-ce que vous devrez venir pour accoucher. On m'a dit de venir lorsque je ressentirai une douleur si intense que je ne pourrais pratiquement plus marcher ou en cas de rupture de la poche des eaux. Si vous ressentez les symptômes d'un début de travail et ne savez pas quoi faire, appelez votre hôpital.

La perte du bouchon muqueux ne signifie pas que vous allez commencer le travail. Le meilleur moyen de déterminer si vous avez commencé le travail est d'avoir des contractions régulières. Les contractions irrégulières portent aussi le nom de faux travail. Mes contractions sont devenues régulières vers 14h, alors que je dégustais un délicieux gâteau avec ma belle-mère. Je me suis excusée et ai commencé à compter les contractions. J'ai bien évidemment d'abord fini mon gâteau.

Lorsque vous arriverez à l'hôpital, on vous conduira dans une salle d'examen afin qu'une sage-femme puisse voir à quel point le col est dilaté. Vous serez admise à la maternité si vous êtes dilatée de 4 cm ; ou, vous irez directement en salle d'accouchement si vous êtes dilatée de 6 cm.

Avant que je ne vous raconte mon accouchement, vous devez savoir que je suis extrêmement têtue. Je ne voulais pas de césarienne, sauf en cas d'urgence, car je voulais vivre un accouchement par voie vaginale. J'ai déjà subi trois actes chirurgicaux et je savais qu'il serait difficile de me rétablir avec un nouveau-né. J'ai également eu peur de ne pas pouvoir accoucher à domicile lors de mon prochain accouchement en ayant eu une césarienne par le passé.

Je n'ai pas vraiment eu une expérience normale en France. J'ai lu des histoires d'expatriées et de femmes françaises qui ont vécu un accouchement parfait. Si j'avais écouté mes médecins, je suis certaine que ma fille et moi-même aurions été parfaitement bien. Je voulais juste accoucher à ma façon, pas à la leur.

Ask a midwife at your hospital when you should arrive to give birth. I was told to come when I am in such intense pain that I can barely walk or if my water breaks. If you are experiencing labor symptoms and do not know what to do, call your hospital.

Losing the mucous plug does not mean you are about to begin labor. The best way to tell if you have begun labor is if you are experiencing regular contractions. Irregular contractions are referred to as false contractions. My contractions became regular at around 2 pm while I was eating a delicious cake with my mother-in-law. I excused myself and began timing the contractions. Of course, I finished my piece of cake first.

When you arrive at the hospital, you will be taken to an examination room for a midwife to see how far your cervix has dilated. You will be admitted to the maternity hospital if you are 4 cm dilated; or, you will go straight to the labor and delivery room if you are 6 cm dilated.

Before I tell you my birth story, you should know that I am extremely stubborn. I did not want a cesarean unless it was an emergency because I wanted to experience a vaginal birth. I have already had surgery three times and knew recovery would be difficult with a newborn. I was also scared that I would not be able to have a home birth for my next pregnancy if I previously had a cesarean.

I did not have a normal experience in France. I read stories from expatriates and French women who had perfect birthing experiences. If I had listened to my doctors, I am sure that my daughter and I would have been fine. I just wanted to give birth my way, not theirs.

À l'aide d'un ballon d'exercice que j'utilisais comme un ballon d'accouchement, j'ai commencé le travail chez moi jusqu'à avoir tellement mal que je pensais que le bébé allait sortir à tout moment. Mon mari s'est empressé de nous conduire à l'hôpital. On m'a dit en salle d'examen que je n'étais dilatée que d'1 cm. En état de choc, je n'osais même pas imaginer ce que je ressentirais à 10 cm.

La sage-femme nous a proposé de retourner chez nous ou d'attendre en salle d'examen. Nous avons décidé de rester puisque nous vivions à 20 minutes de la maternité. Elle a tamisé les lumières et nous a laissés pendant une heure. Mon mari s'est moqué de mon gros ventre et a pris une photo embarrassante de moi reliée à une machine qui contrôlait mes contractions, appelée communément "monito". J'étais nerveuse et anxieuse. Une heure plus tard, j'étais dilatée de 4 cm.

On m'a donné la dernière chambre individuelle disponible. Après des heures de travail et après avoir appris comment respirer avec la douleur, j'ai essayé de marcher dans le couloir. Cela m'a aidée à me dilater rapidement à 6 cm. À ce moment-là, j'avais commencé le travail depuis déjà 12 heures et j'étais épuisée.

La sage-femme a mis de la musique relaxante en salle d'accouchement. J'étais reliée à un monitoring foetal externe pour surveiller les battements du coeur du bébé. J'ai cédé à la pression et ai demandé une péridurale. Je me sentais tellement bien que je me suis endormie. En me réveillant, la sage-femme m'a dit que j'aurais besoin d'une piqure d'ocytocine d'ici une heure et peut-être également d'une césarienne.

Using an exercise ball as a birthing ball, I labored at home until I was in so much pain that I thought the baby would slip out at any time. My husband rushed us to the hospital. I was told in the examination room that I was only 1 cm dilated. Shocked, I could not imagine what 10 cm would feel like.

The midwife gave us the option to return home or wait in the examination room. We decided to stay because we lived 20 minutes away from the maternity hospital. She dimmed the lights and left us for an hour. My husband laughed at my enormous belly and took an embarassing photo of me connected to a machine for monitoring my contractions, commonly called a "monito". I was nervous and anxious. An hour later, I was 4 cm dilated.

I was given the last available private room. After hours of laboring and learning how to breathe through the pain, I tried walking in the hallway. This helped me dilate quickly to 6 cm. By this time, I have been in labor for nearly 12 hours and was exhausted.

The midwife played relaxing music in the labor and delivery room. I was attached to an external fetal monitor to monitor the baby's heart rate. I gave in to pressure and asked for an epidural. It made me feel so good that I fell asleep. When I woke up, the midwife told me that I would need a shot of oxytocin within an hour and possibly a caesarean.

J'ai alors paniqué et ai commencé à bouger mon corps pour renforcer mes contractions. Cela a marché, mais la sage-femme a dit que puisqu'elles n'étaient pas régulières, j'aurai besoin d'ocytocine. Mon gynécologue devait arriver d'ici une heure, ils m'ont donc permis de l'attendre. Après une attente de deux heures, il n'est toujours pas arrivé. Un autre gynécologue est venu me voir et m'a dit que j'aurai besoin d'une césarienne car il était trop tard pour prendre de l'ocytocine. J'ai demandé si mon bébé était en danger et il a répondu que non. Il préférait le faire immédiatement car il pensait que c'était inévitable.

Après avoir refusé une césarienne avec deux gynécologues qui s'étaient mis d'accord sur le fait que le bébé n'était pas en danger, j'ai pu négocier avec un troisième. Elle allait me donner de l'ocytocine puis attendre une heure pour voir si je dilatais. Si rien ne changeait, j'irais tranquillement me préparer pour une césarienne. Elle a dit que mon bébé essayait de pousser mais qu'il était trop gros. Quand je lui ai demandé comment elle le savait, elle a admis que ce n'était qu'une supposition. La sage-femme qui était avec nous depuis notre arrivée a dit à mon mari que je devais me préparer mentalement à une césarienne car cela allait arriver.

J'ai continué à bouger mon corps pendant une heure et ai été soulagée lorsque mes contractions sont devenues régulières. Puisque je n'étais dilatée que de 6 cm, on m'a envoyée en chirurgie. J'ai été séparée de mon mari car il a dû aller se préparer. Même avec la péridurale et d'autres médicaments contre la douleur qui m'ont été donnés pour la chirurgie, j'ai senti de fortes contractions. J'avais vraiment très mal.

Panicked, I began moving my body to strengthen my contractions. It worked, but the midwife said since they were not regular I would need oxytocin. My gynecologist was expected to arrive within an hour, so they allowed me to wait. After waiting two hours, he never arrived. A different gynecologist visited me and said I would need a caesarean because it was too late to have oxytocin. I asked if my baby was in danger, and he said no. He preferred to do it immediately because he thought it was inevitable.

After refusing a caesarean with two gynecologists who agreed that the baby was not in danger, I negotiated with the third one. She would give me oxytocin and wait an hour to see if I dilate. If there were no changes, I would go quietly for a caesarean. She said that my baby was trying to push through, but was too big. When I asked how she knew this, she admitted it was an assumption. The midwife, who was with us since I arrived, told my husband that I should prepare myself mentally for a caesarean because it was going to happen.

I continued moving my body during the hour and was relieved when my contractions became regular. Since I was still only dilated 6 cm, I was sent down to surgery. I was separated from my husband because he had to be prepped. Even with the epidural and other pain medicine given to me for surgery, I felt strong contractions. I was in so much pain.

L'anesthésiste avait l'air inquiet du fait que je ressente toujours les contractions après avoir pris les médicaments contre la douleur pour la chirurgie. Elle a augmenté ma dose. À chaque contraction douloureuse, je ressentais de l'inquiétude dans les yeux de ceux qui me préparaient pour la chirurgie. Ils ont appelé le gynécologue pour un autre examen. J'étais dilatée à 9 cm. Je ne pouvais plus m'arrêter de pleurer, j'avais un trop-plein d'émotions.

Le gynécologue m'a dit que je pourrais retourner en salle d'accouchement si j'arrivais à 10 cm d'ici une heure ; autrement, ils devraient procéder à la césarienne. Elle sentait toujours ma fille pousser contre mon col. Je me disais que tant que ma fille n'abandonnait pas, je n'abandonnerai pas non plus. Mon mari est enfin arrivé et nous avons regardé mes contractions à l'écran avec impatience. Je balançais mon corps de bas en haut mais c'était difficile avec tous les médicaments contre la douleur que j'avais pris.

Une heure plus tard, j'étais dilatée à 10 cm et je suis retournée en salle d'accouchement. Le gynécologue m'a dit que si je n'accouchais pas d'ici une heure, je devrais retourner en chirurgie. Je n'arrivais pas à croire qu'on me donne encore un autre ultimatum. Elle voulait me garder au bloc mais ils en avaient besoin pour quelqu'un d'autre.

Elle a laissé la sonde qui recueillait l'urine car j'allais en avoir besoin pour la chirurgie plus tard. C'était extrêmement douloureux. Je pleurais de douleur lors de chaque contraction – elles venaient rapidement et elles étaient fortes. On m'a donné des médicaments contre la douleur en plus de ceux déjà administrés en salle de chirurgie, et cela n'a pas aidé. Ils refusaient toujours de retirer la sonde.

The anesthesiologist looked worried that I was still feeling the contractions after administering the pain medicine for surgery. She increased my dose. With each painful contraction, I saw concern in the eyes of those preparing me for surgery. They called the gynecologist for another examination. I was 9 cm dilated. I could not stop the tears; I was overwhelmed with emotions.

The gynecologist said that I could return to labor and delivery if I reach 10 cm within an hour; otherwise, they will continue with the caesarean. She could still feel my daughter pushing against my cervix. I felt that as long as my daughter has not given up, neither would I. My husband finally arrived and we eagerly watched my contractions on the monitor. I swayed my body back and forth, but it was difficult with all the pain medicine that I was given.

An hour later, I was 10 cm dilated and returned to a labor and delivery room. The gynecologist said if I did not deliver within an hour, I would return to surgery. I could not believe I was given another ultimatum. She wanted to keep me in the surgery room, but it was needed for someone else.

She left the catheter for collecting urine because I would need it for surgery later. It was extremely painful. I could not stop crying out in pain during each contraction – they were coming fast and strong. I was administered more pain medicine on top of what I was given in the surgery room, and it did not help. They still refused to take the catheter out.

Mon gynécologue habituel est finalement arrivé, presque à la fin du délai d'une heure. J'étais nerveuse car l'autre gynécologue allait bientôt revenir pour m'emmener en chirurgie. Je lui ai dit que je voulais pousser mais que je ne pouvais pas avec la sonde en moi, c'était trop douloureux. Je lui ai dit que je pourrais accoucher tout de suite. Il a donné l'ordre que la sonde soit retirée. J'ai alors immédiatement commencé à pousser. Ma fille est née 30 minutes plus tard.

My regular gynecologist finally arrived towards the end of the hour deadline. I was nervous because the other gynecologist would return soon to take me to surgery. I told him that I felt like pushing, but I could not push with the catheter in me, it was too painful. I told him that I could deliver this baby right now. He ordered the catheter to be removed. Immediately, I began pushing. My daughter was born 30 minutes later.

Vocabulaire

césarienne	caesarean
coeur	heart
col	cervix
contractions	contractions
dilaté	dilated
douleur	pain
épuisée	exhausted
faux travail	false contractions
forte	strong
irrégulières	irregular
médicaments contre la douleur	pain medicine
monitoring foetal externe	external fetal monitor
ocytocine	oxytocin/pitocine
péridurale	epidural
perte du bouchon muqueux	lose the mucous plug
pousser	pushing
régulières	regular
renforcer	strengthen
rupture de la poche des eaux	water breaks
salle d'accouchement	labor and delivery room
se préparer	prepared
travail	labor
vaginale	vaginal

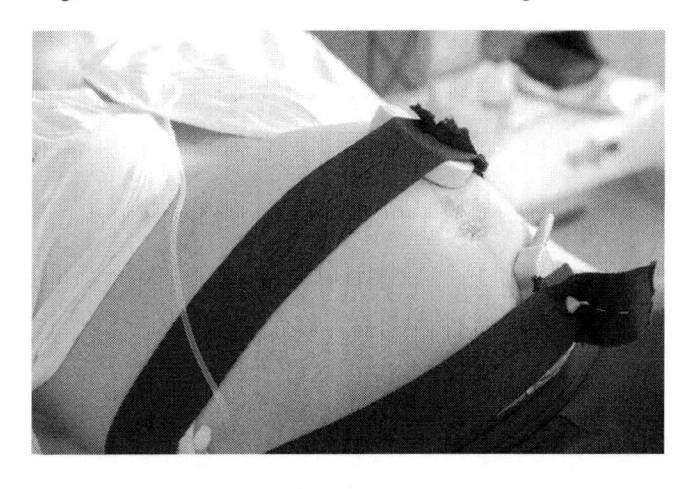

Exercices Pratiques

Fill in the blanks below with the best word choice from the vocabulary list on the previous page. Each word is only used once.

1. Ne passez pas d'innombrables heures à chercher sur Internet chaque symptôme que vous ressentez pour savoir si vous avez commencé le _____. Relaxez-vous, vous saurez lorsque ce sera le bon moment.

2. Toutes les femmes ne commencent pas le travail par la _____, alors n'attendez pas de voir une perte d'eau avant d'aller à l'hôpital.

3. Si vous voyez quelque chose de gluant et une trace de sang, ne vous inquiétez pas. La _____ est normale après que votre col soit _____.

4. Servez-vous des exercices de respiration que vous avez appris dans les cours de préparation à la naissance pour gérer la _____ liée aux _____.

5. Si les contractions sont _____, vous n'avez pas commencé le travail. On parle alors de _____.

6. Lorsque vos contractions sont _____ et que votre _____ est dilaté de 4 cm, vous serez admise à la maternité.

7. Lorsque vous serez dilatée de 6 cm, vous irez en salle d'accouchement et serez reliée à un _____ qui surveillera le _____ du bébé.

8. Que vous ayez une naissance par voie _____ ou une _____, vous pouvez être sûre d'une chose, vous êtes soignée par une équipe médicale expérimentée.

9. Même si vous êtes _____, vous devez continuer à _____ durant chaque _____ contraction.

10. Vous pouvez avoir une _____ lorsque vous êtes en salle d'accouchement.

11. Si vos contractions deviennent irrégulières ou si vous êtes à bout de force, on pourra vous donner de l'_____.

12. Si vous avez besoin d'une césarienne, on vous séparera du père de votre bébé pour qu'il puisse _____ pour entrer dans la salle avec vous.

13. Avant de commencer le travail, parlez à votre sage-femme des options possibles pour les _____.

14. Le fait de bouger votre corps peut aider à _____ vos contractions.

15. Vous trouverez un ballon d'accouchement en _____ pour vous aider à gérer la douleur.

Réponses aux Exercices Pratiques

1. Do not spend countless hours researching online each symptom you are experiencing to see if you are in labor [travail]. Relax, you will know when it is time.

2. Not all women begin labor with their water breaking [rupture de la poche des eaux], so do not wait to see a flood of water before going to the hospital.

3. If you see something gooey and possibly streaked with blood, do not worry. It is normal to lose the mucous plug [perte du bouchon muqueux] after your cervix has dilated [dilaté].

4. Use the breathing exercises you learned in the birthing preparation class to manage the pain [douleur] of contractions [contractions].

5. If the contractions are irregular [irrégulières], you are not in labor. These are called false contractions [faux travail].

6. When your contractions are regular [régulières] and your cervix [col] has dilated to 4 cm, you will be admitted to the maternity hospital.

7. When you are 6 cm dilated, you will go to the labor and delivery room and be connected to an external fetal monitor [monitoring foetal externe] for monitoring the baby's heart [coeur].

8. Whether you have a vaginal [vaginale] or caesarean [césarienne] birth, you can be confident that you have a skilled medical team taking care of you.

9. Even if you are exhausted [épuisée], you need to continue pushing [pousser] during each strong [forte] contraction.

10. You can have an epidural [péridurale] when you are in the labor and delivery room.

11. If your contractions are becoming irregular or losing strength, you may be given oxytocin [ocytocine].

12. If you need a caesarean, you will be separated from your baby's father while he is being prepped [se préparer] to enter the room with you.

13. Before you begin labor, talk to your midwife about the possible options for pain medicines [médicaments contre la douleur].

14. Moving your body can help strengthen [renforcer] your contractions.

15. You will find a birthing ball in the labor and delivery room [salle d'accouchement] to help you manage pain.

Delivery

Lorsque vous ressentez le besoin de commencer à pousser, vous êtes au début de l'explusion. Vous resterez dans la même salle que celle où vous avez effectué le travail. La seule différence est qu'ils installeront les étriers. Il existe d'autres positions que vous pouvez prendre sur le lit et qui ne nécessitent pas de vous allonger sur le dos avec les étriers. Vous ne pouvez cependant prendre ces positions que si vous n'avez pas de péridurale, ou si un médecin doit intervenir.

Les sages-femmes n'accoucheront votre enfant que lors de grossesse et de travail normaux. Si vous êtes dans une situation similaire à la mienne, vous aurez un gynécologue avec des sages-femmes à ses côtés. Je fus encouragée par toute une équipe qui me montrait comment respirer et quand pousser. C'était un peu comme les pom-pom girls lors d'un match de football américain. Sauf que mon ballon de foot ressemblait plus à une boule de bowling géante essayant de se glisser à travers une paille minuscule.

Le médecin peut utiliser des forceps ou une ventouse pour vous aider. Les médecins à mon hôpital ont l'habitude d'utiliser une ventouse qui se fixe sur la tête du bébé. Le médecin tirera le bébé à chaque fois que vous pousserez lors d'une contraction. Cela n'est fait que si le médecin pense que c'est absolument nécessaire. La tête de votre bébé aura ensuite peut-être une forme de cône, mais tout redeviendra normal plus tard.

Il est possible que vous ayez besoin d'une épisiotomie. J'ai ressenti une douleur différente et j'ai immédiatement su ce qui se passait. Ils font une incision lorsque le bébé a des difficultés à sortir. Si vous en avez besoin, c'est quelque peu gênant, mais vous vous en remettrez. Asseyez-vous sur des oreillers, utilisez des lingettes pour bébé et essayez de ne pas trop marcher.

When you feel the urge to begin pushing, you are at the beginning of the delivery stage. You will remain in the same room that you labored. The only difference is they will pull out the stirrups. There are a couple other positions you can do on the bed that do not require lying on your back in stirrups. You can only use those positions if you do not have an epidural or if a doctor does not intervene.

Midwives deliver babies when the pregnancy and labor are normal. If you are in a situation like mine, you will have a gynecologist with midwives by his side. I had a full team encouraging me and showing me how to breathe and when to push. It was kind of like cheerleaders on the sideline of a football game, except my football felt like a giant bowling ball trying to squeeze through a tiny straw.

The doctor can use forceps or a vacuum extractor to help you. Doctors at my hospital typically use the vacuum extractor that attaches to the baby's head. The doctor will pull the baby each time you push through a contraction. This is done only if the doctor thinks it is absolutely necessary. Your baby may look like he has a cone head after this, but it will go back to normal later.

It is possible that you will need an episiotomy. I felt a different type of pain and instantly knew what was happening. They do an incision when the baby is having trouble getting out. If you need this, it is annoying, but you will recover. Sit on pillows, use baby wipes and limit your walking.

Les sages-femmes et les médecins permettent habituellement au père de couper le cordon lorsqu'il cesse de battre. Les nouveaux parents restent avec le nouveau-né pendant au moins une heure avant d'aller dans leur chambre. Les nouveaux-nés ne sont pas séparés de leur mère, sauf si c'est médicalement nécessaire. Les bébés sont lavés dans les deux heures et ne prennent leur premier bain que 48 heures après leur naissance.

Après une césarienne, les nouveaux-nés vont dans les bras de leur père pour créer un lien. Les hôpitaux encouragent le peau à peau, on demande donc aux pères d'enlever leur chemise. Les bébés qui n'ont personne d'autre que leur mère attendront dans la pouponnière qu'elle se rétablisse.

En cas d'urgence, l'hôpital s'assure que les nouveaux-nés retournent auprès de leur mère le plus vite possible. Ils n'aiment pas séparer une mère de son enfant pendant longtemps car cela est stressant pour le bébé. Gardez votre calme et faites confiance aux personnes qui vous entourent. Si vous ne comprenez pas ce qui se passe, souvenez-vous que vous verrez votre bébé dès que possible.

La naissance de ma fille a été normale. Lorsque le médecin a retiré la sonde, j'ai commencé à pousser immédiatement. Je me suis embrouillée avec mon français. Lorsqu'ils m'ont dit de pousser et d'attendre, j'ai compris qu'il fallait pousser et relâcher. J'ai fini par comprendre mon erreur, et le bébé s'est mis à progresser plus rapidement car je poussais plus longtemps. Je leur ai hurlé dessus pour qu'il la fasse sortir. J'ai demandé au médecin de prendre les forceps. Heureusement, il ne m'a pas écouté cette fois-ci.

Midwives and doctors typically allow the father to cut the cord when it stops beating. New parents rest with their newborn for at least an hour before going to their room. Newborns are not separated from mothers unless medically necessary. Babies are washed within two hours and take their first baths 48 hours after birth.

After a cesarean, newborns are given to their fathers for bonding. Hospitals encourage skin-to-skin bonding, so fathers are asked to take off their shirts. Babies that do not have anyone besides the mother for bonding will wait in the nursery for her to recover.

In the case of an emergency, hospitals make sure newborns are returned to their mothers as soon as possible. They do not like to separate a mother from her infant for long because it is too stressful for the baby. Remain calm and trust those around you. If you do not understand what is going on, at least know that you will see your baby as soon as possible.

My daughter's birth was normal. When the doctor pulled out the catheter, I began pushing immediately. I got my French confused. When they told me to push and hold, I thought it was to push and relax. I finally realized my mistake, and the baby progressed faster because I was now pushing longer. I screamed for them to pull her out. I told the doctor to grab the forceps. Luckily, he did not listen to me this time.

Après avoir poussé pendant environ 30 minutes, le médecin m'a dit de baisser mes mains, de la prendre et de la poser sur moi. J'ai senti son corps moite, puis je l'ai vue pour la première fois. Je n'en croyais pas mes yeux lorsque je l'ai prise sur mon ventre. Elle était magnifique. Mon mari était en larmes, et on ne pouvait plus s'arrêter de la regarder. Une sage-femme l'a délicatement essuyée avec un linge chaud et sec puis l'a couverte avec une couverture.

Mon mari a coupé le cordon et a fait du peau à peau avec elle pendant qu'on me demandait de faire sortir le placenta. Ils m'ont dit de pousser mais je n'avais pas assez d'énergie. Les sages-femmes m'ont tellement encouragée que j'ai donné tout ce que je pouvais. Ensuite, ce fut comme dans un film, mon placenta a jailli et a atterri sur le ventre d'une sage-femme. Une passe parfaite.

Une autre sage-femme m'a fait des points de suture pour l'épisiotomie. Lorsqu'elle a eu fini, j'ai repris Juliana et l'ai nourrie. Votre bébé va têter du colostrum sur votre téton. Le lait viendra plus tard.

Le médecin qui m'avait donné un délai d'une heure est venu nous rendre visite. Elle m'a dit que durant toute sa carrière, elle n'avait vu qu'une seule fois quelqu'un revenir de chirurgie. Elle s'est excusée et m'a dit qu'elle savait maintenant qu'il est possible de se dilater lorsque l'ocytocine est administrée plus tard. Elle fut très gentille et sincère. Je me suis excusée pour avoir été têtue. Elle a ri puis nous a laissé faire connaissance avec notre fille. Notre famille était enfin réunie.

After pushing for about 30 minutes, the doctor told me to reach my hands down and pull her out and onto me. I felt her moist body, and then I saw her for the first time. I could not believe my eyes as I brought her up onto my belly. She was gorgeous. My husband was in tears, and we could not keep our eyes off her. A midwife gently wiped her with a warm and dry cloth, and then covered her with a blanket.

My husband cut the cord and held her skin-to-skin in the corner while I was asked to push out the placenta. They told me to push but I did not have the energy. After much insisting from the midwives, I gave it all I had. Then like a scene from a movie, my placenta shot out and hit the midwife in the stomach. A perfect pass.

A different midwife gave me stitches for the episiotomy. When she finished, Juliana was returned to me and I fed her. Your baby will suckle at your nipple for colostrum. Milk will come later.

The doctor that kept giving me the one-hour deadlines came to visit us. She told me that only once in her career has she seen anyone return from surgery. She apologized and told me that now she knew it is possible to dilate after oxytocin is administered late. She was very nice and sincere. I apologized for being so stubborn. We laughed, and she left us to bond with our daughter. Our family was finally together.

Vocabulaire

cesse de battre	stops beating
colostrum	colostrum
couper le cordon	cut the cord
créer un lien	bonding
délicatement	gently
épisiotomie	episiotomy
expulsion	delivery
forceps	forceps
incision	incision
lentement	slowly
linge chaud et sec	warm and dry cloths
nourri	nursed
nouveaux-nés	newborns
peau à peau	skin-to-skin
points de suture	stitches
pouponnière	nursery
têter	suckle
téton	the nipple
tirer	to pull
ventre	the belly

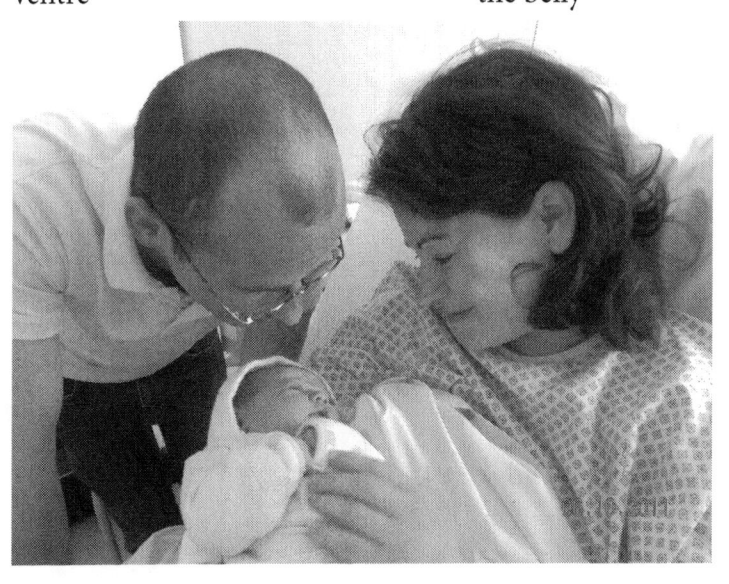

Exercices Pratiques

Fill in the blanks below with the best word choice from the vocabulary list on the previous page. Each word is only used once.

1. Lorsque vous ressentez le besoin de commencer à pousser, vous êtes au début de l'_____.

2. Le médecin n'utilisera les _____ pour _____ votre bébé qu'en cas de problème.

3. Vers la fin de l'accouchement, le médecin ou la sage-femme vous demandera sans doute de pousser _____.

4. Si on vous fait une petite _____, appelée _____, vous aurez par la suite des _____ entre votre vagin et votre anus.

5. Le père peut normalement _____ lorsqu'il _____.

6. Les _____ sont généralement placés immédiatement sur le _____ de la mère après leur naissance.

7. On encourage les parents à _____ avec le nouveau-né en faisant du _____.

8. Avant que le bébé ne commence à être _____, une sage-femme l'enroule _____ avec un _____.

9. On encourage le bébé à _____ du _____ sur le _____ de sa mère dès que possible après sa naissance.

10. Si vous avez besoin de temps pour récupérer, le nouveau-né sera placé dans la _____ et vous sera rendu lorsque vous serez prête.

Réponses aux Exercices Pratiques

1. When you feel the need to start pushing, you are at the beginning of delivery [expulsion] stage.

2. The doctor will not use [forceps] to pull [tirer] your baby out unless there is a problem.

3. Towards the end of delivery, the doctor or midwife may ask you to push slowly [lentement].

4. If you receive a small incision [incision], or an episiotomy [épisiotomie], then you will have stitches [points de suture] between your vagina and anus.

5. The father can normally cut the cord [couper le cordon] when it stop beating [cesse de battre].

6. Newborns [nouveaux-nés] are usually placed immediately on the mothers' belly [ventre] after birth.

7. Parents are encouraged to bond [créer un lien] with the newborn by having skin-to-skin [peau à peau] contact

8. Before the baby can begin nursing [nourri], a midwife will gently [délicatement] wipe him with a warm and dry cloth [linge chaud et sec].

9. The baby is encouraged to suckle [téter] at his mom's nipple [téton] for colostrum [colostrum] as soon as possible after being born.

10. If you need time alone to recover, your newborn can be placed in the nursery [pouponnière] and returned when you are ready.

Hospital Stay

Les nouvelles mères restent à l'hôpital pendant environ quatre jours après avoir accouché. Elles peuvent partir plus tôt si elles ont l'accord d'un gynécologue ou d'un pédiatre. La plupart des femmes préfère rester le plus longtemps possible. Je dois l'admettre, cela me manque de ne plus me faire servir trois repas et un goûter tous les jours.

Je suis restée six jours à l'hôpital. Même s'il y avait un berceau à roulettes dans la chambre, ma fille dormait avec moi dans le lit. Une sage-femme avait levé les barres du lit d'un côté afin qu'elle ne risque rien. Vous pouvez demander à une sage-femme un coussin d'allaitement pour allaiter, ou bien un coussin pour vous asseoir si vous avez eu une épisiotomie. Tous les bébés doivent être mis dans un berceau avant de quitter la chambre. Vous ne pouvez pas prendre un bébé dans vos bras dans le couloir.

On vous donnera un diagramme sur lequel vous noterez chaque fois que votre bébé mange, fait pipi ou caca. Il est crucial de le garder à jour. Lorsque vous changez une couche, écrivez un « U » si vous voyez de l'urine ou un « S » s'il y a des selles. Ecrivez également « allaitement maternel » à chaque fois que vous allaitez, ou bien « allaitement artificiel » si vous utilisez du lait artificiel.

Un pédiatre vous rendra visite dans votre chambre dans les 24 heures suivant votre accouchement. Si votre bébé est né entre 37 et 42 semaines de grossesse, il devrait peser entre 2600 et 4000 g et mesurer entre 46 et 54 cm. Le pédiatre va effectuer un examen physique afin de s'assurer que le nouveau-né est en bonne santé et n'a pas besoin de soins médicaux.

New mothers remain in the hospital for about four days after giving birth. They can leave earlier with approval from a gynecologist and pediatrician. Most women prefer to stay as long as possible. I have to admit, I miss being served three meals and a snack every day.

I stayed six days in the hospital. Even though the room was equipped with a bassinet on wheels, my daughter slept in bed with me. A midwife raised the bed's railing on one side so she would be safe. You can ask a midwife for a boppy for breastfeeding, or a cushion to sit on if you had an episiotomy. All babies must be placed in a bassinet when leaving the room. You cannot carry a baby in the hallway.

You will receive a chart for recording each time the baby eats, pees and poops. It is crucial to keep it updated. When you change a diaper, write a "U" if you see urine or a "S" if there is stool. In addition, write "allaitement maternel" each time you breastfeed or "allaitement artificiel" if using artificial milk.

A pediatrician will visit your room within 24 hours after you give birth. If your baby is born between 37 and 42 weeks of pregnancy, she should weigh 2600 to 4000 g and have a height of 46 to 54 cm. The pediatrician will do a physical exam to make sure the newborn is in good health and does not need medical attention.

Le pédiatre va vérifier votre diagramme pour voir si votre bébé a évacué du méconium, qui ressemble à des selles vertes foncées ou noires. Cela se produit généralement dans les 24 heures suivant la naissance. Votre bébé doit avoir un autre rendez-vous avec un pédiatre sous huit jours. Au cours du second rendez-vous avec le pédiatre, on vous donnera des instructions pour surveiller le poids du bébé, prévenir une fièvre et savoir quoi faire si le bébé a la diarrhée. On vous donnera également un carnet de santé pour le bébé et des ordonnances pour des vitamines.

Le premier bain de votre bébé sera donné lorsqu'il aura deux jours. Les bains étaient donnés entre 8h et 10h à mon hôpital. Il y avait parfois la queue pour les baignoires alors il fallait mieux arriver tôt. Les premiers bains sont donnés avec l'aide d'une sage-femme, et les pères sont encouragés à donner un bain au bébé à la place des mères. Le poids et la température du bébé devront être notés sur votre diagramme à ce moment-là.

La nourriture fut excellente à l'hôpital. Vous aurez un repas à 8h, 12h et 20h. Ils vous donnent également un goûter à 16h. Ecoutez attentivement le menu et n'hésitez pas à demander quelque chose d'autre. Une fois, je n'ai pas fait attention et je l'ai regretté par la suite. Après avoir remarqué que la viande avait une forme et une texture inhabituelle, j'ai appelé mon mari. Le plat principal pour le dîner était de la langue de bœuf. Il m'a apporté un sandwich. Je dois cependant admettre que la langue sentait très bon.

The pediatrician will check your chart to see if your baby has passed meconium, which looks like dark green or black stool. It usually appears within 24 hours after birth. Your baby is required to have another appointment with a pediatrician within eight days. During the second pediatrician appointment, you will be given instructions for monitoring weight, fever prevention and what to do if the baby has diarrhea. You will also receive a health book for the baby and prescriptions for vitamins.

First baths are given when your baby is about two days. Baths were given from 8 to 10 am at my hospital. Sometimes there was a line for tubs, so it was best to arrive early. First baths are given with the assistance of a midwife, and fathers are encouraged to give the baby a bath instead of mothers. The baby's weight and temperature will need to be recorded on your chart at this time.

The food at the hospital was fantastic. You will receive a meal at 8 am, 12 pm, and 8 pm. They also provide a snack at 4 pm. Listen to the menu carefully and do not be shy to ask for substitutes. I was not paying attention once and regretted it later. After noticing the unusual shape and texture of the meat, I called my husband. The main dish for dinner was a cow's tongue. He brought me a sandwich. I have to admit that the tongue smelled delicious.

Vous devez choisir un prénom pour votre enfant dans un délai de trois jours après sa naissance. Cela coûte 150 € de le faire changer plus tard, alors soyez certain de vraiment l'aimer. Notre hôpital nous a fourni tous les papiers pour déclarer la naissance et les a envoyés à notre place avec notre livret de famille à la mairie. Si votre hôpital vous propose ce service, pensez à prendre votre livret de famille dans vos bagages.

L'hôpital a donné à mon mari un lit pliant pour passer la nuit, et il a diné avec moi. Notre mutuelle complémentaire nous a remboursé le coût du lit pliant. Si vous avez besoin de dormir une nuit complète, une sage-femme peut-être disponible pour garder le bébé toute la nuit. La sage-femme donnera le biberon à votre bébé s'il a faim, ou vous le rendra si vous allaitez. Lorsque vous êtes prête, vous pouvez appeler la sage-femme afin qu'elle vous ramène votre bébé.

L'allaitement peut être difficile la première fois. Demandez à ce qu'une sage-femme ayant suivi une formation pour l'allaitement vienne vous voir dans votre chambre. Les sages-femmes qui n'avaient pas suivi de formation me disaient que ma fille se positionnait correctement, qu'elle ne se positionnait pas correctement, que mon lait montait puis qu'il ne montait plus. Apparemment, chaque sage-femme avait une opinion différente, cela devenait donc confus et frustrant. Nous nous sommes par la suite aperçus que mon bébé perdait du poids de manière significative.

Selecting a first name for your child must be done within three days after your baby is born. It costs 150 € to change the name later, so make sure you truly like it. Our hospital provided the paperwork for declaring birth and submitted it for us with our family book to the mayor. If your hospital provides this service, make sure you pack your family book in your baggage.

The hospital provided my husband with a cot to stay the night, and he ate dinner with me. Our mutual health insurance reimbursed us for the cot. If you need uninterrupted sleep, a midwife may be available to babysit for the night. The midwife will bottle-feed your baby when hungry, or return her to you if breastfeeding. When you are ready, you can call the midwife to return her to you.

Breastfeeding can be difficult the first time. Request a midwife that has completed training for breastfeeding to visit your room. Midwives without the training were telling me that my daughter was latched properly, not latched properly, my milk dropped, and my milk did not drop. It seemed like each midwife had a different opinion, so I was confused and frustrated. Then we found out my baby was losing significant weight.

Les sages-femmes et la puéricultrice ont essayé de me convaincre d'utiliser du lait artificiel. Ne sachant désespérément pas quoi faire, j'ai commencé à télécharger des livres sur l'allaitement sur mon Amazon Kindle. J'ai lu qu'il était normal que le lait arrive un peu plus tard en cas d'accouchement difficile, et que le fait de pomper l'aiderait à monter plus vite. Au lieu de lui donner du lait artificiel en attendant que mon lait monte, j'ai demandé un tire-lait. Je commençais à stresser car j'avais l'impression qu'on me forçait à utiliser le lait artificiel.

Lorsque je n'allaitais pas, je pompais du lait. Je pompais pendant 15 minutes chaque heure et voyais la quantité de lait augmenter à chaque fois. Une nuit, j'ai fait une pause de deux heures et j'ai été réveillée par une sage-femme car c'était l'heure de nourrir Juliana.

Une fois, la puéricultrice a levé les yeux au ciel et m'a dit que si le lait artificiel convenait aux autres mères, cela devrait aussi me convenir. Elle a convaincu mon mari que ce que je faisais était mal. Il ne comprenait pas la situation et s'inquiétait que je fasse courir un risque à notre fille. Une sage-femme m'a dit que tant que Juliana continuait à faire pipi six à huit fois par jour, tout allait bien. Je me suis sentie mieux.

Je devais allaiter toutes les deux à trois heures, quatre heures maximum. Une sage-femme devait être avec moi à chaque fois que j'allaitais. Si je n'appelais pas une sage-femme durant les trois heures qui suivaient mon dernier allaitement, quelqu'un venait me dire que je devrais le faire bientôt.

Une sage-femme mettait une paille dans la bouche de ma fille afin qu'elle boive le supplément de lait que j'avais pompé à chaque fois que j'allaitais. Ce n'était pas facile, et je leur suis reconnaissante pour leur patience. J'ai commencé à m'effondrer. J'étais émotionnellement et physiquement épuisée, et tout ce dont je rêvais était d'allaiter ma fille seule chez moi.

The midwives and pediatric nurse tried to convince me to use artificial milk. Desperate to figure out what to do, I began downloading breastfeeding books on my Amazon Kindle. I found that it was normal for milk to come late after a difficult labor, and pumping would help it to drop faster. Instead of giving her artificial milk while waiting for my milk to drop, I requested a breast pump. I was getting stressed because I felt I was being forced into using artificial milk.

When I was not breastfeeding, I was pumping milk. I pumped for 15 minutes each hour and watched as the amount of milk began increasing each time. One night I took a break of two hours and was woken up by a midwife because it was time to nurse Juliana again.

The pediatric nurse once rolled her eyes at me and said that if artificial milk is good enough for other mothers, it is good enough for me. She convinced my husband that what I was doing was wrong. He did not understand the situation and was worried that I was putting our daughter in danger. A midwife told me that as long as Juliana continued peeing six to eight times a day, she was okay. I felt better.

I was required to nurse every two to three hours, with the maximum of four hours. A midwife had to be with me each time I breastfed. If I did not call a midwife within three hours since the last feeding, one would come and tell me that I needed to do it soon.

A midwife put a straw in my daughter's mouth to drink the supplement milk that I pumped each time I breastfed. It was not easy, and I am grateful for their patience. I started breaking down. I was emotionally and physically exhausted, and dreamed of nursing my daughter alone at home.

Le quatrième jour, une sage-femme qui avait suivi une formation sur l'allaitement est venue me voir. Elle m'a dit que ma fille ne se positionnait pas correctement et m'a montré comment faire. Juliana a immédiatement commencé à prendre du poids. La puéricultrice a dit que je pourrais partir dès que Juliana aurait repris du poids. Au cinquième jour, mes seins étaient devenus très sensibles à force de pomper du lait chaque heure pendant les dernières 60 heures. Le poids de Juliana a grimpé en flèche et mon lait est monté. Je n'avais pas à pomper autant qu'avant car elle se nourrissait suffisamment à chaque tétée.

Le sixième jour, je me suis dépêchée de prendre le poids de ma fille en me réveillant. Son poids était dans une tranche normale, j'ai donc immédiatement vu un pédiatre et un gynécologue pour voir si nous pouvions rentrer à la maison. J'ai appelé mon mari après avoir reçu leur accord et il s'est empressé de venir nous retrouver. Il a signé des papiers, et j'en ai sûrement signé aussi. Je ne peux plus me rappeler. J'étais trop excitée à l'idée de rentrer chez moi.

La première chose que j'ai faite en arrivant chez moi est de m'allonger sur mon lit avec Juliana dans mes bras. Enfin tranquille.

On the fourth day, a midwife who went through training for breastfeeding came to see me. She said that my daughter was not latching properly and taught me what to do. Juliana instantly started gaining weight. The puéricultrice said I could leave as soon as Juliana gained a certain amount of weight. By the fifth day, my breast were too sore from pumping milk every hour for the past 60 hours. Juliana's weight had spiked, and my milk dropped. I did not have to pump as much as before because she was getting full from nursing.

On the sixth day, I rushed to have my daughter weighed as soon as I woke up. Her weight was in the normal range, so I immediately met a pediatrician and gynecologist to see if we could go home. I called my husband when I got approval, and he rushed over to retrieve us. He signed some papers, and maybe I did too. I cannot remember. I was too excited to go home.

The first thing I did at home was sleep in bed with Juliana in my arms. Quiet at last.

Vocabulaire

allaitement	breastfeeding
bain	bath
berceau	bassinet
biberon	bottle
caca	poop
couches	diapers
couloir	hallway
coussins	cushion
coussin d'allaitement	boppy
diagramme	chart
diarrhée	diarrhea
fièvre	fever
formation	training
lait artificiel	formula milk
lait est monté	milk dropped
livret de famille	family book
mairie	mayor
méconium	meconium
paille	straw
positionnait correctement	latching correctly
selles	stool
supplément de lait	milk supplement
tire-lait	milk pump

Exercices Pratiques

Fill in the blanks below with the best word choice from the vocabulary list on the previous page. Each word is only used once.

1. Je suis tombée sous le charme du gros et doux _____ que l'hôpital m'avait prêté durant mon séjour.

2. Les hôpitaux fournissent des _____ sur lesquels s'asseoir à la suite d'une épisiotomie.

3. Mettez toujours votre bébé dans un _____ lorsque vous marchez dans le _____.

4. Même si vous vous sentez épuisée pour tenir un stylo, mettez le _____ à jour lorsque votre bébé mange, fait pipi ou _____.

5. Que vous choisissiez l'_____ ou donniez le _____, il est normal que votre bébé perde du poids la première semaine.

6. L'hôpital vous donnera du _____ si vous décidez de nourrir votre bébé au biberon, ou utilisez-le comme _____.

7. Si vous souhaitez utiliser un _____, demandez à une sage-femme d'en apporter un dans votre chambre.

8. Demandez à voir une sage-femme qui a reçu une _____ spécifique pour aider les nouvelles mères à allaiter.

9. Vous pouvez nourrir votre bébé avec un supplément de lait à l'aide d'une _____ lorsqu'il tête votre téton.

10. Si vous êtes fatiguée, les sages-femmes vous proposeront généralement de changer les _____ à votre place pendant que vous vous reposez.

11. Apportez votre _____ à l'hôpital afin qu'il puisse être donné à la _____ lorsque vous aurez choisi un prénom.

12. Puisque mon bébé se _____ sur mon sein, mon _____.

13. Ne vous inquiétez pas si votre bébé a des _____ noires ou vertes foncées peu de temps après sa naissance, ce n'est que du _____.

14. Avant de quitter l'hôpital, on vous dira quoi faire si votre bébé a de la _____ ou la _____.

15. Beaucoup de femmes apportent une caméra afin de filmer le père donner son premier _____ au nouveau-né.

Réponses aux Exercices Pratiques

1. I fell in love with the large, soft boppy [coussin d'allaitement] for breastfeeding that the hospital lent me during my stay.

2. Hospitals provide cushions [coussins] to sit on after having an episiotomy.

3. Always place your baby in the bassinett [berceau] when walking in the hallway [couloir].

4. Even if you feel too tired to hold a pen, update your chart [diagramme] when your baby eats, pees or poops [caca].

5. Whether you choose breastfeeding [allaitement] or using a bottle [biberon], it is normal for your baby to lose weight during the first week.

6. The hospital will provide you with formula [lait artificiel] if you decide to bottle-feed your baby or use it as a milk supplement [supplément de lait].

7. If you would like to use a breast pump [tire-lait], ask a midwife to bring one to your room.

8. Ask to see a midwife who has gone through special training [formation] to help new mothers breastfeed.

9. You can feed your baby milk supplement through a straw [paille] while she is suckling at your nipple.

10. If you are tired, midwives will usually offer to change diapers [couches] for you while you rest.

11. Bring your family book [livret de famille] to the hospital so that it can be given to the mayor [mairie] when you decide on a first name.

12. Since my baby was latching correctly [positionnait correctement] on my breast, my milk dropped [lait est monté].

13. Do not worry if it looks like your baby has black or dark green stool [selles] shortly after being born, it is only meconium [méconium].

14. Before you leave the hospital, you will be instructed on what to do if your baby has a fever [fièvre] or diarrhea [diarrhée].

15. Many women brought video cameras to film the fathers giving the newborn his first bath [bain].

Thank You

This book would not have been possible without the love and support of my husband, Jean-Noël Le Bras. I cannot even begin to count how many hours he spent on the French translations and taking care of Juliana so I could write.

When I decided to write this book, I did not forsee how much time it would take. Thankfully, my husband did not either when he volunteered to help. We had fun working on this project together and I look forward to starting on the next book in the series.

I would also like to thank my mother, Carolyn Cass-Larmore, and my mother-in-law, Geneviève Le Bras. They proofread this book so many times that I think they have it memorized. They were our second pairs of eyes for each language, and provided many useful critiques and suggestions.

Appendix

Symptoms

ballonnements	bloating
cracher du sang	cough up blood
diarrhée	diarrhea
difficulté à respirer	trouble breathing
douleur abdominale	abdominal pain
douleur à la poitrine	chest pain
ecchymoses	easy bruising
engourdissement	numbness
essoufflement	shortness of breath
étourdissements	dizzy spells
faiblesse	weakness
fatigue excessive	excessive fatigue
fièvre	fever
grosseur dans la poitrine	lump in breast
indigestion	indigestion
infections à l'oreille	ear infections
mal de tête	headache
perte de poids	weight loss
pertes vaginales	vaginal discharge
prise de poids	weight gain
problèmes de sinus	sinus problems
respiration sifflante	wheezing
saignements vaginaux	vaginal bleeding
soif excessive	excessive thirst
toux fréquente	frequent cough
varices	varicose veins
vision floue	blurred vision
vomissements	vomitting

Illnesses

asthme	asthma
anémie	anemia
blennoragie	gonorrhea
calculs rénaux	kidney stones
cancer du poumon	lung cancer
cancer de l'ovaire	ovarian cancer
cancer du sein	breast cancer
caillots de sang	blood clots
chlamydia	chlamydia
coup	stroke
dépression	depression
diabète	diabetes
herpès	herpes
HIV	HIV
hypertension artérielle	high blood pressure
infection de la vessie	bladder infection
maladie du coeur	heart disease
maladies du foie	liver disease
maladie de Parkinson	Parkinson's disease
maladie rénale	kidney disease
maladie de la thyroïde	thyroid disease
pneumonie	pneumonia
problèmes de dos	back problems
reflux	reflux
sclérose en plaques	multiple sclerosis
syphilis	syphilis
toux chronique	chronic cough
trouble anxieux	anxiety disorder
verrues vénériennes	venereal warts

144 French Mamma's: Pregnant in France

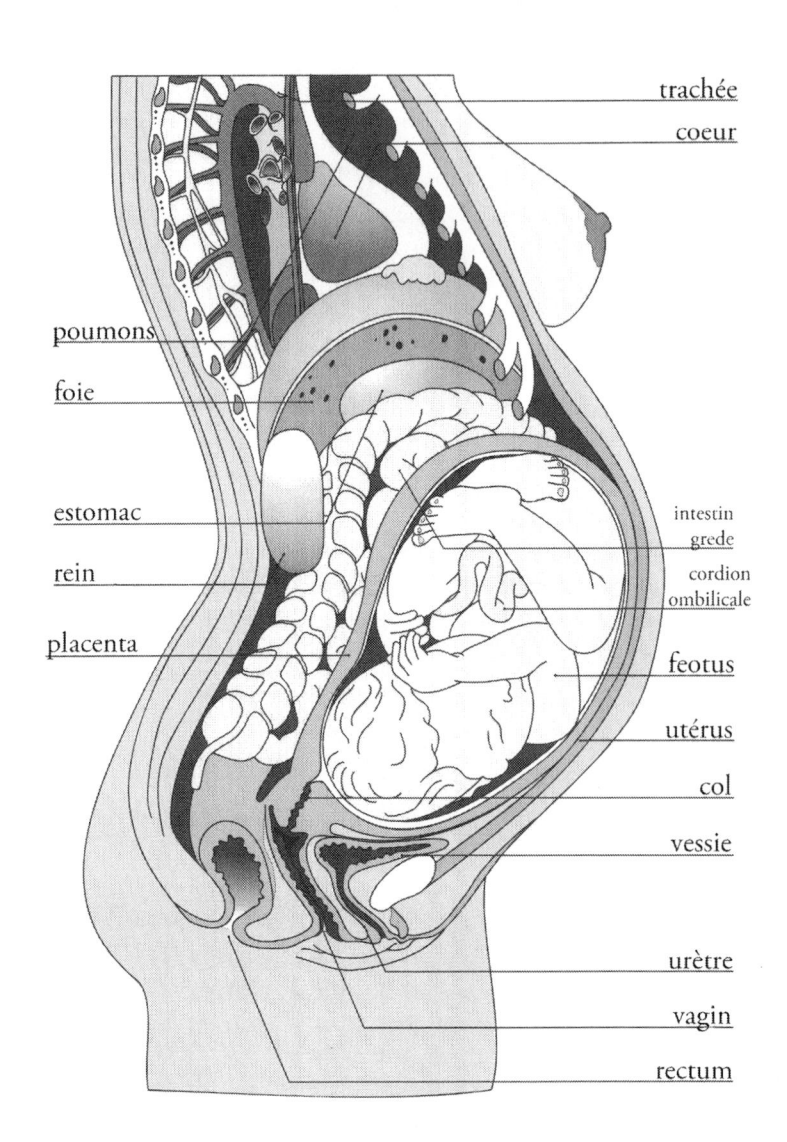

- trachée
- coeur
- poumons
- foie
- estomac
- rein
- placenta
- intestin grede
- cordion ombilicale
- feotus
- utérus
- col
- vessie
- urètre
- vagin
- rectum

Anatomy

tête	head	bassin	pelvis
crâne	skull	rein	kidney
oreille	ear	placenta	placenta
œil	eye	intestin grêle	small intestine
nez	nose	gros intestin	large intestine
joue	cheek	utérus	uterus
bouche	mouth	ovaires	overies
lèvres	lips	col	cervix
langue	tongue	urètre	urethra
dents	teeth	vessie	bladder
cou	neck	rectum	rectum
gorge	throat	vagin	vagina
trachée	trachea	cuisses	thighs
oesophage	oesophagus	jambes	legs
épaule	shoulder	genou	knee
bras	arm	cheville	ankle
coude	elbow	pied	foot
poignet	wrist	doigts de pieds	toes
main	hand	peau	skin
doigts	fingers	artère	artery
seins	breasts	veine	veins
cœur	heart		
côtes	ribs		
poumons	lungs		
foie	liver		
dos	back		
estomac	stomach		
abdomen	abdomen		
hanches	hips		

Additional Resources

Administration
- L'Assurance Maladie
  http://www.ameli.fr
- Caisses d'Allocations Familiales (CAF)
  http://www.caf.fr
- French Administration
  http://vosdroits.service-public.fr
- Régime Social des Indépendants (RSI)
  http://ww.rsi.fr
- Services de la Protection Maternelle et Infantile (PMI)
  http://lannuaire.service-public.fr

Birthing Locations
- Association Nationale des Sage-Femmes Libérales
  http://www.ansfl.org
- Maternity Hospital Rankings & Testimonials
  http://www.maman.fr

Breastfeeding
- Association Française de Consultants en Lactation
  www.consultants-lactation.org
- Coordination Française pour l'Allaitement Maternel
  www.coordination-allaitement.org
- La Leche League France
  www.lllfrance.org
- Association Nationale des Sage-Femmes Libérales
  www.ansfl.org
- Périnatalité
  www.perinat-france.org
- Santé et Allaitement Maternel
  www.santeallaitementmaternel.com

Emergencies

In case of an emergency, use your home phone to dial 15 for an ambulance, 17 for the police, or 18 for the fire department. If you are using a cell phone, dial 112 to reach these services.

J'ai eu un accident	I had an accident
Je suis en train d'accoucher	I am in labor
J'ai perdu les eaux	My water broke
Il me faut un médécin	I need a doctor
Il me faut une ambulance	I need an ambulance

Aidez moi	Help me

Je suis blessée	I am injured
Je suis brûlée	I am burned
Je suis très malade	I am very sick
Je saigne	I am bleeding
Je me sens étourdie	I am feeling dizzy
Je me sens faible	I am feeling faint

Où est-ce que vous avez mal ?	Where do you hurt?
Asseyez-vous	Sit down
Ne bougez pas	Do not move
Retenez votre souffle	Hold your breath
Respirez normalement	Breath normally

Printed in Great Britain
by Amazon.co.uk, Ltd.,
Marston Gate.